<ruby>ク・セ・ジュ</ruby>

# Que sais-je?

# 『何を知るか』

──観念の産出をめぐって──

大西 哲司

アトラス出版

この写真は 1982 年（昭和57年）立春大吉日の金閣で、鏡湖池全体をカント哲学の象徴、雪塊によって生じた波紋（湖面）をアインシュタインの相対性理論の象徴と捉えることができるのではないだろうか。

# ク・セ・ジュ　目次

# 『何を知るか』─観念の産出をめぐって─

大西 哲司

はじめに

　近世の哲学において、認識論は非常に重要な地位を占めている。そして、認識論において見解が分かれる源泉は、観念の産出過程をどのように捉えるかということにある。

　この論文では、ロックとライプニッツの『N・E』（ヌーボー・エッセイ）における、フィラレットとテオフィルに仮託された対話を通して、観念の産出過程における相異なる見解を検討しながら、問題解決の糸口を探してゆきたい。そして、ロックとライプニッツの対話を広範な哲学の流れの中で継承、発展させながら、問題解決を試みたカントの学説を一部紹介し、その問題点を明らかにして、今後の問題解決のよすがとしたい。

　ところで、ある哲学者の抱く思想とその社会構造は、全く無縁とは言えないと思われる。いや、もっと積極的に、その社会の哲学者の思想の骨子には、その哲学者の生きた時代の社会構造が反映されていることが往々にしてあるようである。

　ライプニッツの方から言うと、彼は1646年生まれ、17世紀半ばから、18世紀初頭にかけて活躍した。当時のヨーロッパ社会は、絶対主義が主流である。一人の君主が、人民を治めるが、その君主関係は、父と子の関係に似ており、対立の関係でなく、協同と調和の関係であった。

　ライプニッツは、絶対主義時代の思想家の常として、君主の存在を認めはするが、同時に、近世の思想家として、個人の独立と尊厳を主張する。そして、この点が、ライプニッツと中世思想家との最大の相異点である。

　そうした彼の社会観は、彼の著、『形而上学叙説』や『単子論』に反映している。実際、『叙説』では、「実体は、全宇宙を各々自分の流儀に従って表象する。そして、それは、同じ町がそれを眺める人の様々な位置に従って、いろいろに表象されるようなものである」と述べている。又、『単子論』では、「同じ町でも、様々の異なった方面から眺めると、全く別のものに見え、眺望としては、何倍にもされたようになるが、それと同じく、単純な実体が、無限に多くあるために、その数だけの異なった宇宙があるこ

とになる。しかし、それは、各単子の異なった視点からみた唯一の宇宙の様々な眺望に他ならない」と述べている。

ここで、実体とは、単子（モナド）のことであり、ライプニッツは、宇宙は無数の単子から成るという多元論をとりながら、そうしたモナドが、各々自分の立つ視点に従って、ちがったパースペクティブを持つと主張するわけである。宇宙は、このように様々な見え方をし、それらは、どれも一応は宇宙の一側面ではあるが、そうした多くの見え方の中には、自ずから他より優れた見え方が存在する。

そして、そのことをライプニッツは次の様に言う。「それら全てのものは、いわば、パースペクティブの中心における様な仕方で統一される。しかも、その中心とは、それ以外の地点から眺めれば、混乱して見えるのに、そこでは、全ての部分が、秩序正しくまとめられているような地点である」と。

このような、パースペクティブの中心といった発想は、やはり、当時の絶対主義社会の投影であろうと思われる。つまり、ライプニッツは、確かに世界の見え方の多様性と相対性を認めたが、それは徹底を欠いている。現代的観点からすると、様々の見え方は、全て同等の権利を持つはずであり、特権的な見え方などは、ないはずであるから。

又、ライプニッツの予定調和説に関する説明に戻る。

個々のモナドは、相互に独立であり、各々個性を持ち、自己自身で独特の発展を遂げていく。それは、シーザーという主語について、「生まれる」、「育てられる」、「教育される」、「ガリアを征服する」、「ルビコン河を渡る」、「ローマの独裁者となる」、「ブルータスによって暗殺される」といった述語が、次々に時間的系列をなして述語つけられていくのと同様である。即ち、一つのモナドは、ある状態から他の状態へ、つまり、過去の状態から現在の状態へ、現在の状態から未来の状態へと、次々に、しかも連続的に展開していく。

ライプニッツは、こうした状態を（series of operations）と呼ぶ。モナドロジーによると、宇宙は無数のモナドから成り立つのだが、各モナドは、独立存在であり、我が道を行って、他のモナドと一切交渉をもたない。

　このように、宇宙は互いに独立自尊的な多くのモナドの寄り集まりであるのに、尚そうした宇宙が、全体として一定の調和を保つのは、神が宇宙の創造に際して、あらかじめ各モナドの中に、あたかも遺伝子を埋め込むような仕方で、その後のあらゆる行動の軌跡を決定する因子を仕組んだからであり、しかも、そうした軌跡は、他のあらゆるモナドの軌跡と調和を保つような配慮の下に決められていたからであるとされる。これが、有名なライプニッツの予定調和説である。ライプニッツよると、神も一つのモナドである。そして、神と神以外の被造物の関係も、君主が人民を治める関係と比較される。

　他方、ロックは、1632年から1704年にかけて生きた人であり、その間に、イギリスは、他国に先んじて、清教徒革命、名誉革命を遂行し、絶対主義体制を打破して、新たに、立憲政治体制を確立する。そして、ロック自身、『市民政府二論』を1690年に著して、名誉革命の理論的支柱を与えたのである。

　だから、その思想の根幹において、ライプニッツより、一層個人主義的であり、民主主義が徹底しているといえよう。

　さて、ロックの時代の思潮の一つに原子論がある。そして、原子論的立場を、自然科学の分野で確立したのがニュートン（1643 ～ 1727）であった。

　まとまっていたもの、連続していたものを壊して、バラバラにしてしまうことは、原子論的哲学の常套手段であるが、それを自然科学に適用したのが、ニュートンである。フックの光の波動論に対する彼の粒子論は、その一例である。後で詳しく述べるロックの観念論における、単純観念、複雑観念の区別も、こうした原子論的哲学の流れを汲むものである。

　ところで、古いアリストテレス・スコラ的な全体観的、連続主義的自然学の崩壊を招いた一要因は、原子論の思想である。こうした原子論思想は、長期間にわたって、あらゆる分野に波及するが、それが最も深化され、究極の段階に至ったのが、カントールの集合論だと言えよう。

　19世紀末、カントールは、集合論を創始するが、その集合論は、原子論

の立場にたっている。このことは、「集合とは、我々の直観、あるいは思考によって限定された、しかも、識別可能な諸対象を一個の全体に集めたものである。この諸対象は、集合の成員といわれる」という彼の集合の定義によっても明らかである。

　つまり、こうした集合の定義の基礎には、個体性、あるいは個別性の概念がある。又、カントールは、こうした原子論的立場、つまり、一つの全体は、多くの粒々からなるという立場を、線、面、空間といった連続体的全体に対して適用する。即ち、連続体的全体を壊して粉々にした原子、つまり、点を無限個集めることで、線、面、立体を改めて構成しようするのである。

　ところで、ロックの知識論に、原子論的影響を与えた人物として、ガッサンディとボイルを挙げることができる。17世紀に入って、主としてギリシアの原子論者エピクロスの説を通して、物質が、もはや分割されない微小の原子から成るという説が広まっていた。フランスの哲学者ガッサンディは、その代表であり、物質を構成する微粒子は、各々の物体によって、形、大きさ、及び重さが異なると述べた。又、これらの微粒子が幾つか集まって、いくらか強く結合した集合体を作るという説を述べており、これは、後の分子を予想させる。

　このガッサンディの説は、物質の無限分割を主張するデカルトの説とは相容れないものであり、もはや分割できない微粒子という考えは、フランスよりもイギリスで流行するようになった。

　火の微粒子を考えたボイルも、ガッサンディ説の継承者であり、ニュートンも、先にふれたように、やはり熱心に微粒子説を支持していた。ついでに、化学の分野においては、18世紀末〜19世紀にドルトンが、近代的原子論を確立させる。

　このような時代背景を考慮するなら、ロックが、その観念論に原子論的構成論を採用したのは当然と言えよう。つまり、単純観念、それは、その名の示す通り、単純、均質、非複合的で、ただそれとしてあるだけの現象体である。又、この観念は、言辞的定義も不可能（エッセイ・3巻4章4節）とされる。そして、そうした単純観念を原子的な究極の要素として、

他の一切の観念は、複雑な観念として構成されるとする。ロックは、そうした単純観念にどのような観念が数えられ、それらの単純観念からどのような複雑観念が、どのように構成されるかを詳しく述べようとする。

こうした原子論的な考え方と並んで、ロックは、実証的な事象記述の方法を用いる。この方法は、人間知性の解明においては、探求者が、自己の知性の営む諸事象を対象とし、自己自身を内に省みて、そこに見い出される諸事象を観察し、記述する内部観察、つまり内観の方法となる。こうした内観は、デカルトのコギトの方法化であり、経験論的一般化であった。

先に述べた原子論的構成論を、一つの方法と考えれば、ロックは、内観の方法（これは後に心理学に発展）とこの原子論的構成論を駆使して、彼の観念学を形成したと言えよう。

ロックの観念は、大きく単純観念と複雑観念に分けられるが、単純観念は、その起源に従って、イ感覚の観念、ロ内省の観念、ハ感覚と内省の双方の観念にわけられる。

イには、白い、熱い、柔らかい　etc.

ロには、考えること、疑うこと、信じること　etc.

ハには、快、苦、力能、存在、単一　etc. を挙げることができよう。

又、感覚の単純観念は、一次性質（固性、延長、形、可動性、数）と二次性質（色、音、味 etc.）に分けられる。又、一次性質と二次性質を分ける基準は、その観念を産む仕方であり、一次性質は、「私たちの身体のある部分による運動が、この対象から脳、言いかえると、感覚の座まで、私たちの神経ないし動物精気によって続けられ、この脳、言いかえると感覚の座で、それらの本原的性質について、私たちの持つ観念を心（マインド）に産むのでなくてはならない。だから、ある観察できる大きさの物体の延長、形、数、運動は、視覚が、ある距離をおいて知覚できるのだから、明らかに、単独では知覚できないある粒子が、観察できる大きさの物体から目までやってきて、これでもってある運動を脳に伝えるのでなければならず、この運動が、観察できる物体について、私たちの持つ観念を、私たちの内に産むのである」とされている。

二次性質は、やはり、一次性質の観念が私たちの内に産み出されるのと

同じ仕方で産みだされるとロックは考える。即ち、彼は、「様々に運動する様々の形、かさ、数の粒子が、私たちの各種の感官を触発して、私たちのうちに、物体の色や匂いから来る様々の感覚を産むと、さしあたって想定しよう。例えば、すみれは、独特の形とかさの様々の程度と変容の運動をする、こうした感知できない物質粒子の衝撃によって、この花の青い色やよい匂いの観念を私たちの心に産むとすると想定しよう。というのも、神はこのような〔すみれの色や匂いの〕観念を、これと少しも相似ない〔すみれの粒子の衝撃という〕そうした運動に結び付け給うたと想定することは、神が、痛みの観念をこの観念に少しも類似しない肉を裂く鋼鉄片の運動に結び付け給うたと想定することと同じようにできなくはないのである」（エッセイ・2巻8章13節）と述べている。そして、味や音その他類似の可感的性質も同様であるとされる。

　一次性質としての固性、延長、形、数、可動性は、物体の固性ある部分のかさ、形、数、位置、運動、もしくは静止に対応する。このように考えると、単純観念の一次性質は、これを産む外的事物の性質の正確な類似、ないしは模写と考えられる。そして、ロックにとって外的事物の存在は、いわば自明なものとされている。

　ところで、このように見てくると、こうした一次性質の観念は、先に述べたガッサンディやボイルの言うところの、もはや分割できないところの微粒子に還元できるといえると思われる。そして、二次性質の観念は、そうした微粒子の力能的作用の所産と考えられよう。又、ガッサンディ、ボイルの言う微粒子は、今日の原子に相当し、それは、ロックの言う単純観念の単純、均質、非複合的という条件をもかなりの程度満たしていると思われる。

　さらに、ロックの言うところの単純観念、複雑観念の分類も、原子とその複合体である分子、そして原子を構造解析したところの原子核、電子等に対応しうる点にも注目したいと思う。

　以上が、感覚の観念についての主な考察であるが、内省の観念については、外部観察による原子論的解析が不可能であり、従って、ここでは、内観による質的現象的単純性を求めることになるが、そうした解析は不明瞭

であり、ロックの論述も簡単である。しかし、内省の観念は、知性の能動的な営みを対象化、観念化しており、これによって、識別、比較、抽象などの知性の高次の機能を説明できる点で、有意義であろう。

ところで、単純観念と複雑観念の主な相違は、単純観念における（感覚、内省とも）心の受動性であり、複雑観念における心の能動性であろう。しかしながら、単純観念を感覚、内省に分けて、その形成過程をみると、感覚の観念では、可感的対象→感官→知覚を心に産むものを心に伝える。又、内省の観念では、私たち自身の心の多様な作用についての知覚に基づくという風に、知覚作用が介在している点に留意したい。知覚は、ロックにおいても、観念について働かせる心の第一の機能とされており、知覚作用は、能動的側面を持つから。

しかし、ロックの単純観念についての考察に全く欠陥がないかというと、そうではないだろう。そうした問題点を、ライプニッツは、『N・E』において巧みに突いている。

その２巻２章においては、ロックの単純観念、複雑観念の分類に対して、見かけは、単純でも、観念分析のレベルがあがれば、単純観念が複雑観念であるような例、緑（青と黄に分析可能）をあげて、そうした観念の分類が、必ずしも絶対的なものではないことを示している。

又、８章においては、観念の一次性質、二次性質の区分についても、ロックが、一次性質との関係を考えない二次性質としての色や痛みを、一次性質の結果として、ライプニッツは、一次性質と二次性質の間に関係を見いだそうとする。つまり、苦痛は、ピンの運動に似ていないが、ピンが肉体のうちにひき起こした運動に似ているとはいえる。そして、苦痛は、心の動きを表現しうる。

こういうふうに、原因、結果の関係から、一次性質と二次性質の間に、ある種の関係を考え、一次、二次という分類が、単純、複雑観念の分類と同様、絶対的なものではないということを、ライプニッツは示そうとする。

このようなライプニッツの指摘は、余り明瞭でないが、結局、現代の初歩的な科学の知識によると、物体の一次性質とロックが呼ぶ物体の固性ある部分のかさ、形、数、位置、運動もしくは静止にしろ、私たちのうちに

色々な色、匂い、味などの様々な観念を産む力能にしろ、太陽が蝋を白くする力能にしろ（これらを、ロックは物体の三種めの性質と呼ぶ）、結局、原子の運動に起因するといえるものであり、このように考えれば、物体の三種の性質を区別したり、単純観念に一次と二次性質の区別を設けたりすることは、余り意味のないことのように思われる。こういうことをライプニッツも言いたかったのであろう。

　但し、ロックにとっては、知性の識別、比較、抽象などの高次な機能、作用の種々相を解明し、人知の種類、構造を明らかにしようとするプロセスにおいて、ある程度重要な意義を有するものだったのだろう。

　さて、ロックにおいても、知覚は、心が観念について働かせる最初の機能だとするが、そうした知覚についてのロックとライプニッツの見解をよく示しているのが、モリノーの問題に対する両者の答えである。

　モリノーの問題とは、次の様なものである。

　「生まれつきの盲人が、今は成人して、同じ金属のほぼ同じ大きさの立方体と球体を触覚で区別することを教わり、それぞれに触れる時、どちらが立方体でどちらが球体であるかを告げるようになったとしよう。それから、テーブルの上に立方体と球体を置いて、その盲人の目が見えるようになったとしよう。問い。盲人は、見える今、触れる前に視覚で区別でき、どちらが球体でどちらが立方体かを言えるか」

　この問いに対するロックの答えは、否。何故なら、盲人は、球体がどういう風に触覚を触発し、立方体がどういう風に触発するかの経験を得てしまっているが、触覚をかくかくに触発するものは、視覚をかくかくに触発しなければならないという経験、即ち、手を不均衡に押す立方体の尖った角は、目に立方体の尖った角の現れ方をしようという経験をまだ得ていないからである。（それから、その答えを補充して次のように言う）

　「私たちの全ての感官の中で、最も包括的である視覚は、この感官にだけ特有な光と色の観念を私たちの心に伝えるが、又、（触覚も伝える）空間、形、運動という非常に違った観念も伝え、それら空間などのいろいろ多様性は、視覚に固有な対象、即ち、光と色の現象態を変えるのであり、そこで私たちは、光や色の現象態によって、形などを判断するように慣習的にな

るのである。こうしたことは、多くの場合、頻繁に経験される事物では、一つの固定した習性によって、絶えず行われるし、しかも素早く行われるので、私たちは私たちの判断が作った観念であるものを、感覚の知覚は、他方 [即ち、判断による観念] を喚起するだけに役立って、感覚の知覚自身は、ほとんど気づかれないのである。ちょうど、注意深く理解しながら読んだり、聴いたりする者が、文字や音にはほとんど気にとめないで、文字や音がその人に喚起する観念に気づく時がそうである」と。

　そうした見解に対して、ライプニッツは、まず、その盲人が、立方体と球を知っているなら、それらを識別し、触れることなしに、これが立方体で、これが球だと言うことができるだろうと述べる。何故なら、その問題においては、それらの形を単に見分けることが重要なのであり、その盲人が見分けなければならない二つの形の物体を知っているなら、その外見から、どれが立方体でどれが球か言うだろうと、ライプニッツは考える。触覚が、感覚的な認識について以前に与えられていたものと結びついた理性の原理によって、それらの形を見分けるのは疑いない。

　というのも、球面には、顕著な点がなく、全面が統一的で角がない。他方、立方体には、他の場所と異なる顕著な八つの点がある。そして、もし、それらの形を見分ける方法がないなら、盲人は、触れることによっても、幾何学の初歩を学ぶことができないだろう。しかし、我々は、盲人が幾何学を学べることも、幾何学の初歩を知っていることも了解しているし、盲人でないごくありきたりな人々が、触れることなしに、見るだけで幾何学を学ぶことも了解しているのだから。

　結局、ライプニッツは、イメージでなく、イデーの重要さを説く。イデーは、盲人や聾唖者を含めて全ての人に共通することを説く。


　どうもロックとライプニッツのモリノー問題に関する見解の相違は、彼らの認識論的な数学観の相違に起因するように思われる。そこで、歴史的な数学観の変遷を少し見てみよう。
　遠近法という絵画の手法があるが、それは、近代的な光学の理論に基づいており、その光学は、幾何学に基礎づけられる。遠近法について、古代ギ

リシアの哲学者プラトンは、『国家』の10巻において、次のように言う。「同じ大きさのものでも、近くから見るのと遠くから見るのとでは、等しからざる大きさのものとして我々に現れるだろう。………

又、明るい色で塗るか暗い色で塗るかによって、ふくらんで見えたり、くぼんで見えたりとか錯覚する。だから、全てのこうした錯誤が、私たちの魂の中に内在していることは明らかだ。かの遠近画なども、我々の本性に備わるこの弱点を利用することによって、抜け目なく我々をごまかすのである」と。

このように、遠近画をまやかしの術とみるプラトンの考えは、古代人に共通の考えであったらしい。このような考え方は、ルネサンス期の人々が、遠近画こそ私たちの目に見える通り、ありのままに描いた極めてリアルな絵と考えたのと正反対である。

ところで、遠近法が、プラトンの言うように認識論的なイリュージョンだとすると、認識論的実在とは、どのようにして得られるかというと、プラトンは、「測ることによる」と考える。ユークリッド幾何学は、その基礎である測地術に忠実である。つまり、定規を実物に密着させて測るという操作を基礎にしている。

実際、「同じ物に相等しいものは、又相等しい」とか、「互いに重なり合う物は、等しい」とかいったユークリッド幾何学の公理は、触覚的操作に基づくものと言える。この場合、触覚は、むろん視覚と対立するものである。結局、ユークリッド幾何学は、一視点を定めて、そこから物を眺める遠近法的な見方を否定するものであり、視覚に頼るのでなく、触覚に頼るものということになる。

しかしながら、プラトンは、触覚をユークリッド幾何学の基礎におくことに満足せず、肉眼的視覚ではなく、心眼的視覚をその基礎におく。そのことは、有名な線分の比喩にも表現されていると思われる。

又、遠近画の方は、ルネサンス期には、先にもふれたように、リアルな絵画としてもてはやされ、やがて、遠近法からは、射影幾何学が生まれる。

このようにみてくると、ロックの数学観は、やはり、視覚と触覚を統制する理性の役割を軽視したものであり、他方、ライプニッツの数学観は、

そうした理性の役割を重視したもので、プラトンの心眼主義に通じるように思われる。

　つまり、ライプニッツは、触覚からだけでも、初歩的な数学の観念に至ることができ、逆に、そうした観念が、視覚から来るイメージに作用を及ぼすことを肯定するのである。

　これに対して、ロックは、経験主義の立場から、視覚、触覚が、共同的に働かない限り、正確な数字の観念に至れないとし、視覚のルートから来る観念（ライプニッツ流に言うと、イメージ）と触覚のルートから来る観念のくい違いを強調し、両者を統制する理性の役割を軽視しているように思われる。


　次に、複雑観念について、少し検討してみたい。ロックは、単純観念は心が受動的に受けとるものとし、（もっとも、そこでも知覚といった、ある意味で能動的な作用を認めてはいる）複雑観念は、心が心自身の働きをいろいろ発動させて、単純観念以外の観念を、その材料であり根底である単純観念から形成すると考える。

　心が、その単純観念に力能を発動させる働きは、次の３種類。

　１．幾つかの単純観念を一つの複合観念にすること。こうして一切の複雑観念が作られる。例．美、感謝、宇宙。

　２．単純観念であれ、複雑観念であれ、二つの観念を一緒にし、互いに傍らに置いて、一つの観念に合一せずに一度に眺めることであり、このやり方で関係の全ての観念が得られる。

　３．観念を、その実在する時には同伴する他の全ての観念から分離することであり、これは、抽象と呼ばれ、こうして全ての一般観念が得られる。

　但し、２、３の関係の観念、一般の観念も、広い意味で、複雑観念である。それから、複雑観念は、イ様相（単純様相と混合様相）ロ実体（単独と集合）ハ関係の三種類に分けられる。

　そして、ライプニッツも、その分類には同意するが、様相、実体の観念に対する見解は、両者の間にくい違いが見られる。

　例えば、様相に関しては、ロックは、その複雑観念を自分自身で存立す

るという想定が含まれず、実体に依存するもの、換言すれば、実体の性状と考える。(例. 三角形、感謝、殺人 etc.) 又、彼は、1ダースとか1スコアのように、同じ単純観念の変態、換言すれば、違った集成にすぎず、他の観念が少しも混じらないものを、単純様相とするが、ライプニッツは、それを悟性に対する関係によって構成された関係にすぎないとする。そして、そうした単位は、悟性が一緒にみなすことによるとする。(そして、関係は悟性に属す)

　もっとも、関係は、根底、実在性なしにはありえない。何故なら、単純実体以外のあらゆる物の実在性は、単純実体の現象に関する表象の根底に存するのだから。同じことは、しばしば、異種の単純観念を集めて作った混合様相にもあてはまると考える。結局、ライプニッツは、ここでも、悟性の観念に対する働きかけを重視するのである。

　又、ロックは、実体を人間とか羊とかいった単純実体と軍隊とか羊の群れとかいった集合実体にわけて考えるが、ライプニッツは、集合実体の方は、一種の関係であり、その関係の根底に別々の単純実体がある。そして、そうした集合実体は、人間の悟性によって成された単位である以上、実体として、単純実体と区別することに反対する。

　これまで、観念について、基本的な留意点を述べてきたので、次にロックの知識論である第4巻『真知と臆見について』に関して、検討していきたい。(尚、空間、時間論については、ロック、ライプニッツだけでなくカントを含めて検討したいので、後回しにしたい)

　ロックは、我々の真知は、ただ観念にかかわるだけであるとし、「真知は、我々の観念の或るものの結合、一致、あるいは不一致、背馳の知覚による」と定義する。そして、一致、不一致を次の四種類にまとめる。

　イ．観念そのもの相互の同一、あるいは差異。(例. 青は黄ではない)

　ロ．関係。(例. 二つの平行線間の底辺の等しい二つの三角形は、面積がに等しい)

　ハ．二つ以上の観念の共在。(一般に実体とされる第三者のうちでの)

　ニ．任意の観念に一致する現実の実在物の一致。(例. 神在す)

　それから、ロックは、真知の程度を考え、絶対確実な真知は、直観的か

論証的な知識に限定する。(論証も尽きつめると直観による)そして、感覚的真知(例えば、眼前に机がある)は、これらに準じるとする。

　ここでは、二の任意の観念に一致する現実の実在物の一致に、ライプニッツやカントに比べて、ロックの特徴が認められると思われる。ロックは、自己実在は、デカルトにならって直観によるとし、神の実在は論証によるとする。そして、自己以外の実在について、絶対確実な論証的真知を神のみに限定し、物理学を初めとする自然科学は、蓋然知しか与えないとする。(もっとも、数学は観念の学として絶対確実であることを認める)

　このようなロックの見解に対して、ライプニッツは、ロックの定義は、そこに主語、述語といった二つの観念がある絶対的な真理にしかあてはまらない。しかしながら、仮定上の真理についての知識もあり、そこには、先行する命題と後に続く命題の間に関係がある。だから、そこには、二つの観念以上入ることができるとする。

　又、観念間の一致、不一致を四種類に分類することに対しては、観念間の関係は、比較と符号であるとする。つまり、比較が観念間の一致、不一致をなす。そして、符号が二つ以上の観念の共在を含む。人は、ある観念の対象の実在をその対象と自分自身との符合として理解すると考える。

　初めの指摘については、ロックとライプニッツの自然科学的認識についての両者の見解の相違に由来すると思われる。(後で詳述する)

　第二点は、やはり、人間存在とものとの関係を考慮せずに、真知を観念間の一致、不一致におくことに対する疑義であろう。


　ところで、ライプニッツは、直観によって知る真知を、理性の真理と事実の真理に分類する。

　理性の真理とは、命題の主語に述語が含まれるもので、同一律、又は矛盾律に還元できるとする。又、理性の真理の代表例は、数学であるが、数学における論証をみれば判るように、ある観念と別の観念をつなぐ中間的な観念が必要な時、その中間観念を見つけるのは、分析である。そして、理性の真理の場合、分析は有限のレベルで終わる。その終点が、公理、公準、定義である。(公理、公準も、現代では定義の一種とされている)

他方、事実の真理は、直接の感覚についての内的な直接的経験である。これは、命題の主語、述語に無限の系列があるが、やはり、同一律に還元できるとする。

　理性の真理についてのライプニッツの考え方は、現代の純枠数学に受け入れられており、彼の先見性を示すものといえる。後の事実の真理の方は、ライプニッツではモナドロジーにつながり、ロックでは、自己実在の直観と感覚的知識に分けられている。この問題は、哲学者によって見解が分かれる問題のようである。

　さて、確実に論証できる学問を数学に限定する点について、ロックは次の様に言う。

　「これまで、一般に数学だけが論証的確実性を持つのは当然だとされてきた。しかし、直観的に知覚できるような一致、あるいは不一致を持つことは、私の思うところでは、数と延長と形の観念だけの特権ではない。従って、論証がこれまで真知の他の部分でなすところが非常に少ないと考えられてきて、数学者以外の誰もほとんど志しさえしてこなかったのは、多分、私たちに適当な方法と応用が欠けていたからであって、事物に十分な明証性が欠如しているのではないと言えよう」と。（エッセイ４巻２章）

　結局、ロックは、自然科学的認識は、感官を通ってきた観念に依存せざるを得ず、完全にそれを信頼することはできないから、単に蓋然知を与えるにすぎないとの見解を保持するのである。ロックにおいては、自己以外の実在について、絶対確実な論証知を与えるのは、神の実在だけなのである。

　これに対して、ライプニッツは、「物理学全体が、我々の間で絶対確実な知識を与えうる完全な学問でないことは認めるが、我々はある物理学を持ち得るようにせざるを得ないし、既にその見本を持っている。例えば、磁気学はそのような学問として通用する。というのも、経験の内に基礎をおく仮定をほとんど作らないし、理性がそのことをもたらすのを理解するように、実際に生じるある量の現象を結果的に証明することができる。幾何学が、全ての公理を未だ証明しないでいるのと同様に、我々は全ての経験を説明することを期待せずにはいられない。

　しかし、幾何学者は、少数の理性の原理から多くの定理を演繹すること
に満足している。このことは、物理学者が経験に因る幾つかの原理によっ
て沢山の現象を説明し、現実にそれらを予想することさえできるのと全く
同じである」と主張し、物理学が絶対確実な知識を与え得ることを示唆し
ている。(『Ｎ・Ｅ』４巻12章)

　このようなロックとライプニッツの見解の相違は、結局両者の観念観の
相違に起因するものである。つまり、ライプニッツがロックに比べて、観
念の産出過程における悟性の介入、理性の統制作用を重視することに依る
と思われる。

　このように、ロックとライプニッツの『Ｎ・Ｅ』における対話を検討して
くると、カントの『純粋理性批判』の原型を見る思いがする。

　ロックは、人間の忙しく果てしない心想が、ほとんど限りなく心に多様
に描いてきたところの理知的推理と知識の全ての材料の起源を経験に求め
る。この点から、ロックは経験論者とみなされるのだが、彼にしても理知
的推理と知識の全ての材料たる観念の産出過程において、心的作用を全面
的に否定しているわけではない。そして、ライプニッツは、そうした心的
作用をできるだけ明確にする役目を、『Ｎ・Ｅ』において果たそうとするの
である。しかし、ライプニッツのそうした意図は、徹底を欠き、人間の認
識のプロセスを完全に体系化するものではなかった。そして、その仕事を
一応完成したのがカントと言えよう。

　観念の産出に経験が不可欠とするなら、当然、そうした経験の成立する場
所、ひいては空間が問題となってくる。では、ロック、ライプニッツは、
場所、空間をどのように捉えていたのだろうか。

　例えば、一組のチェスの駒が、盤の同じ目に置かれたままになっている
と、たとえ盤が一つの部屋から他の部屋へ運ばれていても、駒は全て同じ
場所にあるという。何故なら、我々は、駒を盤の諸部分とだけ比較し、こ
の諸部分は、相互に同じ距離を保っているからである。同様に、チェス盤
が、船室の同じ部分にとどまっていれば、たとえその船が動いても、盤は同
じ場所にあるという。我々は、又、船が近くの陸地の諸部分と同じ距離を保
っているとしたら、地球が回っていても、船は同じ場所にあると言う。この

ような経験論的相対論の立場をロックはとる。そして、場所の観念は、空間の観念（これを、ただ特定し、制限して考えたのが場所の観念である）を得るのと同じ手段、つまり、我々の視覚と触覚によって得られるとする。

　これに対して、ライプニッツは、場所は、ある物体に対して考慮される時、特殊であるが、その場所が全体に関係し、その場所に対して全ての変化が考慮される時、普遍的である。もし、宇宙に固定されたものが何もないなら、各々の物の場所は、理論によって決定せざるを得ないし、もしも、全ての変化を記録する手段がないなら、被造物の記憶は、その変化を記録するのに十分ではない。しかしながら、我々が把握できないことでも、総体としての物の真理のうちに決定されざるを得ないと考える。つまり、場所の絶対化の余地をライプニッツは認める。

　又、ロックが、空間の明確な定義を与えないのに対して、ライプニッツは、空間は形や運動や静止の観念と同じく、共通感覚、つまり、心自体に由来すると考える。というのは、それらは純粋悟性の観念であるが、外的関係を持ち、感覚が気づかせる。だから、それらは、定義し、証明しうるとする。

　又、ロックは、空間を絶対化し、これに神的性格を与える形而上学的神学的空間論にも言及するが、このことは、ロックが空間について確固たる見解を持っていなかったことを示すものである。

　さて、カントが、第一批判を完成しようとした動機は、確かに、ヒュームの影響も考慮しなければならないだろうが、それは、主にロックとライプニッツの『N・E』におけるライプニッツの見解の継承、発展にあったと思われる。そして、第一批判の内容を見る時、それは全体として、ロックへの挑戦状と見なすことができよう。

　即ち、自然科学的認識を絶対確実な認識として確証し、徹底的に神学を批判する立場、超越論的観念論を宣言した。そこで、この論文では、カントの自然科学的認識の確証のプロセスを一部分だが明らかにしたい。

　ギリシア時代にさかのぼって、人間は、物質を明確に把握する為に、「形式」と「素材」という相関概念を用いてきた。カントは、この「形式」と「素材」という考え方を、主観としての人間の側へ取り込んで、認識のプ

ロセスを考えようとした。「形式」―我々の先験的直観形式としての空間、時間と「素材」―12個の先験的概念、即ちカテゴリーがそれである。

　自然科学的認識については、その成功のゆえんを幾何学と同じく「実験的方法」に求める。彼は言う、「ガリレイが、彼自身の選んだ重さの球をして斜面を落下せしめた時に、あるいは、トリチェリが、彼の熟知していた水柱のそれに等しいと予め考えていたところの重さを空気をして支えしめた時に、さらに後代において、シュタールが、あるものを除去し、又加えることによって、金属を石灰に、再び石灰を金属に変化せしめた時に、一条の光明が、あらゆる自然研究者に見え始めたのである。彼らは理解した、理性が洞察するところのものは、理性自らが自己の計画に従って産出したもののみであるということ、理性は、常恒なる法則に従えるその判断原理をもって先行し、自然を彼の質問に答えるように強いなければならない。けれども、自然からのみ、いわばアンヨ紐でアンヨさせられてはならぬということを」(『第一批判B版序言』)

　又、カントは、絶対確実性を持ち、従って、学問的意義を持つのは、ただ先験的認識のみであると考え、実際次のように言う。「経験は、成程あるものが、かくかくであるということを教えるが、それがそれ以外ではありえないということを教えはしない。それ故に、第一にある命題があって、それが同時に必然性を以て思惟されるなら、その命題は、先験的判断である。(中略)第二に、経験はその判断に真の、即ち厳密な普遍性を与えるものではなく、ただ単に、想定された比較的な普遍性を、(帰納によって)与えるだけであるから、本来我々が今まで観察した限りでは、これらの規則に例外はなかったと言わねばならないのである。それ故に、ある判断が、如何なる例外も不可能であるような、厳密な普遍性において思惟されるなら、その判断は、経験から導かれたものでなく、絶対に先験的妥当性を有するのである」と。(『第一批判B版緒言』)

　このような前提的確信の上に立って考える以上、カントが数学や自然科学を先験的認識であると考えたのは当然と言えると思われる。何故なら、カントは、数学や自然科学の確実性を全く信頼していたから。そして、彼は、それらの学を模範として形而上学の革命を行おうと考えたのである。

カントは、命題を分析的か総合的かに区分する一方、先験的か経験的かの区分を行う。そして、分析判断は、主語概念を分析によって、既に思惟されていた部分概念に分解するにすぎない以上、我々の認識を少しも拡張するものではなく、我々の認識を拡張するのは、総合判断である。しかも、先験的判断のみ確実性を持つのだから、学問的に本質的意義を持つ判断は、必然的に先験的総合判断であると考えた。故に、「先験的総合判断は如何にして可能か」が、第一批判の主要テーマの一つになっているのである。

　カントは、この問題を解決する為に、先にも述べたように、我々の感性のうちに、空間、時間という先験的直観形式と、悟性のうちに12個の先験的概念、つまりカテゴリーがあると考えた。彼によれば、対象についての認識が行われる為には、まず、対象が直観によって与えられ、それから思惟がなされるのである。即ち、対象を与えるのが感性であり、思惟の働きをするのが悟性である。認識は、感性と悟性の協同作業であり、先験的総合判断が可能である為には、感性と悟性のうちに、各々先験的認識形式が存しなければならないと考えられている。そして、カントは、超越論的感性論において、感性のうちに、先験的な直観形式が存することを論証しようとする。

　カントによれば、我々が対象によって触発されることによって、我々の表象能力に生ずるものは感覚である。この感覚をその中に入れて秩序づける形式は、感性自身のうちに備わっている。そして、この感性の先験的形式によって、感覚が秩序づけられることによって、現象としての対象が生じる。我々が、通常直観によって与えられたものと考えている対象というのは、実は、このように既に我々の感性の主観的、先験的形式によって成立させられているのである。そして、カントは、先験的な直観形式として、空間と時間を考えた。我々は、外感によって、対象を我々の外、即ち空間にあるものとして表象し、内感によって、心の内的状態を、全て時間のうちにあるものとして表象する。

　それゆえ、空間と時間が、我々の主観から独立な物自体としての対象に属する限定、ないし関係ではなく、我々の感性の形式であることが示されるなら、直観によって与えられる全ての対象が、既に我々の主観に従って

成立するということ、あるいは物自体でなく、現象であることが、証明されることになるであろう。

　さて、空間、時間が、感性の先験的直観形式であるということのカントの論証を検討したいが、この論文では、主として空間について検討する。

　カントは、第一批判B版において、空間が、先験的直観形式であることの論証を、形而上学的究明と超越論的究明に分けて行っている。

　形而上学的究明とは、概念（この場合、空間）そのものを分析して、それが先験的であるゆえんを証明しようとするものである。論証は、4つに分かれており、第一と第二の論証で、空間の先験性を、第三と第四の論証で、その直観であるゆえんを論証している。

　他方、超越論的究明とは、ある概念を、それに基づいて、他の先験的総合的認識の可能性が理解される原理として証明することである。

　空間の場合について言えば、カントは、空間を先験的直観と考えることによってのみ、幾何学的認識が先験的総合判断であることが、理解されると考えた。カントによれば、幾何学は、空間の性質を総合的かつ先験的に規定する学問だが、こういう認識が成立する為には、まず、空間は直観でなければならない。何故なら、単なる概念からは、その概念を分析することによって、分析判断は作れるが、その概念を越えてゆく総合判断を作ることはできない。しかし、空間については、このことが可能だから。

　さらに、空間は、単なる直観のみならず、先験的直観でなくてはならない。何故なら、もし、空間が、経験的直観であるなら、空間についての認識、即ち幾何学は、経験的認識でなければならず、必然性を持ち得ないはずだが、幾何学的認識は、必然性をもっている。

　以上から、空間は、先験的直観として、我々の心性のうちに備わっている直観形式と考えなければならないとされている。

　しかしながら、形而上学的究明に関しては、空間の先験性に問題があると思われる。

　第一の論証において、我々が、異なる場所に存する多くの対象の表象を持つ為には、既に、空間の表象を前提としなければならないが故に、空間は、経験から抽象されたものではないことが、主張される。

第二の論証では、更に、外的現象そのものが、空間の表象を基礎として成立するものであるから、空間は、先験的表象であると主張されている。

　確かに、この二つの論証で、空間が、外的現象の可能性の制約であることは、証明されている。だが、そのことと、我々の感性の先験的直観形式として、空間が存するということの間には、本質的相違がある。

　何故なら、空間が、一切の外的現象の根底に存するということは、空間が、主観の形式として存するのではなく、対象そのものの可能性の制約として、客観的に存する場合でも成り立つから。

　空間が、主観から独立に存在しており、外的現象を成立させる客観的制約として存する場合にも、空間は、外的現象の根底に存するということができるのだから。

　よって、空間が、感性の先験的な直観形式であることは、形而上学的究明に関しては、論証されてはいない。


　他方、超越論的究明に関しては、この究明における先験性は、形而上学的究明の場合のように、単に対象の可能性の制約という意味での先験性ではない。それは、主観のうちにその根源を有するという意味である。

　幾何学的認識が必然性を有するから、その土台となっている空間的直観は、先験的でなければならないとカントは考える。そうすると、主観が、自ら先験的に投げ入れたもののみを、必然的なものとして認識すると考えるのだから、この場合の空間の先験性は、空間が主観のうちにその根源を有するという意味になる。

　だから、超越論的究明においては、形而上学的究明の場合と違って、空間が、主観の先験的形式であることを論証しようとしているのである。

　しかし、この論証は、十分でない。何故なら、カントは、空間の先験性を、幾何学的命題の必然性から論証しているから。

　確かに、幾何学の命題は、公理を認めるなら、必然的に証明される。だから、幾何学の全命題は、公理に還元されることになるが、公理の必然性は、証明不可能である。

　結局、カントは、公理の必然性から、空間の先験性を証明したことにな

る。このことは、公理の必然性を証明しない限り十分でない。

　現に、現代数学では、公理は、一種の仮定として扱われている。カント
の時代には、ユークリッド幾何学が絶対を標榜していたのであり、カント
の目には、公理が絶対的なものとして映ったのかも知れない。

　以上の検討から、少なくとも、空間が感性の先験的直観形式であるとい
うカントの主張は、認められないことになる。そうすると、「先験的総合判
断は如何にして可能か」という第一批判の主要な問いも、問い自体、考え
直さなければならなくなってくる。

　カントは、ライプニッツの意図を継承して、第一批判を完成したわけだ
が、空間論にも見られるように、それは、必ずしも成功しているとは思え
ない。その幾何学観にしても、現代では、純枠幾何学は、先験的総合判断
によるというよりも、ライプニッツのいうように、分析判断によるという
見解が支持されている。空間論にしても、ライプニッツの見解でも、学問
を成立させる為には、何ら支障はなかったように思われる。

　では、カントの第一批判の哲学史の中における意義は、一体何だったの
だろうか。その問題は、カント哲学の体系の中で、又、哲学史の流れの中
で考えてゆかねばなるまい。

　現象学の創始者フッサールが、デカルトにかえって行ったのも、故なき
ことではないと思われる。

編著あとがき（冊子版）

　この論文は、主に17世紀〜18世紀にかけて活躍した哲学者のエッセンスと、現代の哲学史家又は思想家の一部を援用して真論を書いた物で、特に、ライプニッツの紹介の全文（P1. ℓ 14 〜 P3. ℓ 05.）、カントールの集合論（P3. ℓ 19 〜 P4. ℓ 02.）、そして、プラトンとのからみの部分（P9. ℓ 15 〜 P10. ℓ 14.）は、特に山下正男先生（人文研）の教えをうけついだものであり、カントの時・空論の部分は、東京大学教授のカント哲学研究の泰斗であられた岩崎武雄先生の直接、間接のご教示によるものです。

　又、僕が京大にいた1900年代後半の京都大学の皆さんの御協力によるものです。

　感謝の念をささげなくてはならないと思います。最後に今は故人となられた森口美都男先生、西谷裕作先生の御霊安かれと念じます。

# 西洋論理学史上における『ポール・ロワイアル論理学』の意味

山下 正男

　『ポール・ロワイアル論理学』（La Logique de Port-Royal）とは実は通称であって、正式の題名は『論理学 別名 思考の術』（La Logique ou L'art de penser）である。通称にポール・ロワイアルということばが冠せられたのは、その書物が二人のポール・ロワイアリストであるアルノーとニコールの手になるものだからである。

　ポール・ロワイアル（文字どおりには王の避難所つまり王が狩猟するときの休息所の意味）はパリの郊外にあるカトリックの修道院であり、アルノーもニコールもこの修道院の修道士であった。彼ら両人は協力して『ポール・ロワイアル論理学』を書き上げた。そしてそれはこの修道院における生徒のための教科書として使用された。この書物は 1662 年、パリにおいて刊行されたが、そのとき著者名は付されていなかった。とはいえこれは、修道院というものがもつ共有的あるいは共産主義的な体制にもとづくものであった。そしてそれゆえこの論理学の通称もまた彼ら両人の名ではなしに彼らの属する修道院であるポール・ロワイアルの名だけが冠せられたのである。

　さてこの『ポール・ロワイアル論理学』が刊行された 1662 年はデカルトの『方法叙説』の刊行の 23 年あとである。ところでヨーロッパの近世哲学はデカルトに始まるといってよいであろう。すると『ポール・ロワイアル論理学』は、時代的にいって近世哲学の発生した直後に書かれたといえる。しかもこれは単に時間的な接近だけではなく、内容的にも『ポール・ロワイアル論理学』は明らかにデカルトの思想の影響を多分に受けているのである。このことは『ポール・ロワイアル論理学』の本来のタイトルである『論理学 別名 思考の術』からもわかることである。というのも、ここでいう思考（penser）は、『方法叙説』にでてくる有名な "われ考える。ゆえにわれあり" の "考える"（je pense）につながるものだからである。

　『ポール・ロワイアル論理学』の著者の一人であるアルノーは、デカルトより 16 歳も若かったが、デカルトも彼には一目置くくらいの優れた学者で

あった。実際、デカルトは『省察』を書いたとき、アルノーにだめ押しをしたほどである。この『省察』に対しアルノーは確かにその一部分を批判している。しかしアルノーは総体的にはデカルトに対して同情的であり、そのよき理解者であった。そしてアルノーは『ポール・ロワイアル論理学』を書くに当ってデカルトの考えを大幅にとり入れるのである。

以上のことを考え合わすと、『ポール・ロワイアル論理学』こそは近世論理学の最初の教科書であるといえるのであり、またそれは実際、その後に生まれた近世の無数の論理学書の原型であるということができるのである。

ところでいま近世論理学ということばを使ったが、これはヨーロッパの論理学史において、一方ではそのまえの中世論理学と区別されるものであり、他方ではそのあとにやってくる現代論理学と区別されうるものだとしよう。しかしここではそれら三つの論理学の正確な定義はやらずに、いちおう、それらのサンプルだけを示すことにしよう。

まず中世論理学であるが、これの代表は、13世紀前半に書き上げられたペトルス・ヒスパーヌス著『論理学綱要』といえるであろう。この書はその後300年間に166版を重ね、中世論理学のもっとも典型的な教科書として広く流布した。この書物は近世に入ってからはプロテスタントたちによって排撃されたが、カトリック教徒の間では、いく分かの改良を受けたうえでなお利用され続けた。実際、20世紀に書かれ、多くのカトリック系大学で使用されたジャック・マリタンの "An Introduction to Logic"（1937、邦訳あり）や A.C. Cotter, S. J. 著 "Logic and Epistemology" などは、近世論理学の影響を強く受けているとはいえ、なお中世論理学の面影を色濃くとどめているのである。

つぎに近世論理学であるが、この代表的教科書が『ポール・ロワイアル論理学』であることには誰も異存はあるまい。この書物は、1662年にフランス語で出されたのであるが、1666年に "Logica sive ars dirigendi cogitationes"（論理学 別名 思考を導く術）というタイトルでラテン語に訳され、ヨーロッパ全域の人士に読めるようになった。またフランス語のテキストもその後、リヨン、アムステルダム等で刊行された。そして早くも1685年に "Logic or The art of thinking" というタイトルで英訳がロンドンから出版さ

れた。

　実際、この『ポール・ロワイアル論理学』のヨーロッパ全域に対する影響力は絶大だったのであり、その書物の直接的翻案から、相当程度の改良に至るまでのきわめて多様な論理学がひきもきらず刊行された。そしてドイツの哲学者カントが、彼の大学で論理学の講義用に使った『カントの論理学』（カントの名が冠せられているが、実はマイアーがつくったものでカントはただそれを使ったというだけのもの）も大枠においては『ポール・ロワイアル論理学』のタイプに入るものといえる。また第二次大戦の直後まで、日本の高等学校で多く使用されてきた論理学の教科書である速水滉『論理学』や須藤新吉『論理学綱要』もおなじ近世論理学のタイプに属するものということができよう。

　最後に現代論理学であるが、これは記号論理学とか数学的論理学と呼ばれるものであり、その典型はラッセルの『プリンキピア・マテマティカ』（全3巻、1910-13）であって、全巻が論理記号で埋められているといったものである。そしてこうしたタイプの論理学の教科書は現在では日本でもいたるところに見受けられるものであり、現在の世界中のほとんどの大学でこうしたタイプのテキストが論理学の講義に使用されているのである。

2

　さて本論文の目的は論理学史上における『ポール・ロワイアル論理学』の意味付けであるが、そのためにまず、この論理学がいかなる点で近世論理学の原型といいうるかを、中世論理学と現代論理学との対比において示すことにしよう。

　まえに述べたように『ポール・ロワイアル論理学』の本名は、『論理学 別名 思考の術』であった。そして題名どおりこの『ポール・ロワイアル論理学』と、そうしたタイプの近世論理学は、「思考論理学」（ドイツ語では、Denklogik）ということができる。

　このように近世論理学を思考論理学というふうに特徴づけると、それに対して中世論理学は言語論理学（Sprachlogik）であり、現代論理学は記号

論理学（Symbolische Logik）であると特徴づけることができるであろう。

　さて中世論理学を言語論理学ということができるのは、中世論理学は、もともと聖書つまり“神のことば”の解釈法として出発したものだからである。これに対し現代論理学を記号論理学ということができるのは、現代論理学はそれが数学的論理学ともいわれるように数学的記号、そしてさらには人工的な言語記号を扱うものとして出発したからである。こうした意味で、中世論理学が、聖書で使われているギリシア語、ラテン語といった自然言語を対象とした論理学であるのに対し、現代論理学は数学的記号とかコンピューター用の記号といったものからなる人工言語を対象とした論理学だといえる。そしてさらに、論理学をその使用者の観点からみるならば、中世論理学は神学用の論理学であるのに対して、現代論理学は科学者用の論理学であるということができるであろう。

　中世論理学と現代論理学とが以上述べたようにそれぞれ自然言語と、人工言語を扱うとすれば、近世論理学はそうした言語レベルあるいは記号レベルを扱うのではなく、思考のレベルを扱うものといえる。また近世論理学の使用者は、考えるところの存在（ens cogitains）、そしてそれも神や天使ではなく人間であり、さらにそれを限定すれば、神学者ではなくて、いわゆる honnete homme（オネットム）つまり教養ある人士良識ある人士、常識ある人士であるといえる。そして実際、『ポール・ロワイアル論理学』はスコラ学者あるいはその候補者のためのもの、つまりプロフェッショナルやペダントのためのものではなくて、新しく登場してきたアマチュア的なオネットムのためのものだったのである。

　『ポール・ロワイアル論理学』の以上のような性格は、その冒頭に掲げられた論理学の定義からもうかがうことができる。そしてその定義はつぎのとおりである。

　“論理学とは人間が事物を認識する際に、彼の理性を正しく導く術であり、論理学は理性のそうした導き方を本人だけにではなく、本人以外のひとびとにも教えてくれる。

　論理学は、人間が、人間の精神の四つの主要な働きについておこなう諸反省からなりたつ。そしてその四つの働きとは、（1）概念の形成、（2）判

断の作成、（3）推理、（4）配置である。"

　この定義においてまず"人間"ということばがでてくる。そしてそれに関連して"（人間が）認識する"および"（人間の）理性"といった句がでてくる。ここで認識や理性にわざわざ人間という語が付加されているのは、それが神、天使ではなく、ほかならぬ人間のそれをいうということを宣言したものであるといえる。そしてこれは神よりも「思考する存在」つまり人間を、先なるものとするデカルト的な立場に立つものといえる。このようにしてまず、二人のポール・ロワイアリストは中世的な神中心主義から訣別を告げる。

　さて"認識"の方は後まわしにして、まず"理性"についてであるが、この理性（raison）という語は、bon sensつまり良識あるいは常識とおなじ意味をもつものといっていい。したがってその場合そうした理性をもつ人間はオネットムつまり教養ある人士だということになる。

　ところで実をいえば、"理性を正しく導く"という句はデカルトの『方法叙説』の副題である"理性を正しく導き、もろもろの学問において真理を求めるための"からとったものである。しかしそれはさておき"理性を正しく導く"という句の中の"正しい"という語は、それ相応の意味をもつ。つまり論理学は理性を正しく導く術であると主張することによって、論理学と。は「いかにあるべきか」を教えるいわゆる規範の術であって、事実法則を知らせるものではないということが示されているのである。こうして『ポール・ロワイアル論理学』では、論理学は、心理学のような実証的な学ではなくて、まぎれもない規範学だとされているのである。ところで20世紀の初頭になって、フッサールは近世の論理学が経験科学的な心理学に堕しているのを攻撃し、論理学の規範性を強調する。しかしこうした非難は『ポール・ロワイアル論理学』に関する限り少しも当らないのである。

　つぎに、定義に出てくる"術"という語であるが、この語は表題である『論理学 別名 思考の術』の中にも使われている。ところで論理学といいながらその直後でたちまち思考の術といいかえるのはおかしな話である。しかしこれは日本語でlogicを論理学というふうに訳しているからそうなっただけのことである。もともとlogicという語はギリシア語のλογικήとい

う語からきたものである。ところでこのギリシア語は形容詞なのであり、それに τέχνη（ars、術）あるいは、επιστήμη（Scientia、学）という名詞を調えるべきところをふつうは略して使用されているのである。中世論理学の代表といえるヒスパーヌスの『論理学綱要』では、論理学は "術の中の術、いな学の中の学" などといわれて大層に扱われている。そして実際、中世では論理学は大学において何年もかかって習得されるものとなっていた。これに対しポール・ロワイアリストは、論理学をはっきり術という謙虚なことばで定義した。そしてそれには中世のスコラスティックな論理学に対する批判が込められているのであり、実際彼らは、彼らの書物を教科書に使うことによって、少年たちに論理学をなんと 4、5 日で教えることができると断言しているのである。そしてここからみれば、ヘーゲルが『論理学の科学』（Wissenschaft der Logik）などというもったいぶった名をつけて大部の書物を書きあげたのは、近世論理学のスタイルからすれば、むしろ異様なことといわねばならないのである。

3

　さて論理学の定義において、"人間が事物を認識する際に"（dans la connaissiance des choses）という語句があった。そこでこんどはこのことを考察してみよう。ここで論理学は事物の認識にかかわるものといわれている。これは、近世論理学が認識論的論理学ともいわれるようになることのそもそもの出発点を示しているものといえる。一般に近世の哲学は、全知といったような神の認識作用を論じるのではなく、ほかならぬ人間のおこなう認識作用を論じるものである。したがって近世の哲学においては、人間の認識作用を分析するといういわゆる認識論がその中心をなすものであるといえる。それゆえ近世論理学の典型である『ポール・ロワイアル論理学』もまた、人間が事物を認識するためのものであるとされたことは決して偶然なことではない。そしてそうした点で『ポール・ロワイアル論理学』は中世論理学と現代論理学が、・方は自然言語を、そして他方は人工言語を扱うものであるとはいえ、ともに記号をその対象とし、事物を対象

33

とするものではないのと鮮やかな対照をなすものといえる。

　さて認識という場合、その認識の対象はもちろんはっきり明示されているように事物の認識である。ところで『ポール・ロワイアル論理学』ではこうした事物（chose）に対し、なお概念あるいは観念（idée）と記号（signe）というものが登場する。そして認識とは実はこうした "事物" と "観念" との結びつきからなりたつのであり、そうした結びつきの成果が "記号" によって、他人に伝達されるのである。

　この伝達というものは、定義の中の "論理学は理性のそうした導き方を本人だけではなく、本人以外のひとびとにも教えてくれる" という文からもうかがえる。実をいえば論理学は理性の正しい導き方を本人だけに教えるものであれば、記号というものは不必要である。ただ概念あるいは観念さえあればよい。もちろん観念を固定化させるためには記号（外的記号）は便利ではあるが、どうしても必要不可欠だというほどのものではない。というのも観念自体がいわゆる内的記号であって、それがあれば外的記号がなくても十分にやっていけるからである。

　こうして、『ポール・ロワイアル論理学』は論理学を言語あるいは記号のレベルではなく、まず思考のレベルで扱おうとする。こう考えればまえにあげた定義の後半分つまり "論理学は、人間が、人間の精神の四つの主要な働きについておこなう反省からなりたつ。そしてその四つの働きとは、（1）概念の形成、（2）判断の作成（3）推理、4）配置である" がよく理解できるであろう。というのも、ここでは論理学は概念、判断といった精神レベルの存在を研究するものであって、事物を扱うものでないことはもちろんのこと、記号レベルの存在を扱うものでもないのだからである。

4

　さていまの後半の定義、いや定義というよりはむしろ論理学の実質的内容の中に "人間の精神の働きについての反省" ということばがみうけられる。ところで精神の働きは四つあるわけであるが、その代表は概念の形成あるいは観念の形成であるといってよかろう。だとすると、そうした観念

と、その観念の反省とはいかなる関係に立つものであろうか。

　まず反省の原語は、réflexion である。そしてこれは実は光学のことばで反射という意味をもつ。だとすると観念つまり idée というものも、光学的に考えて、それをある事物つまり chose の像であると考えることができよう。もちろん実際の観念は、頭の中に浮かぶ像、つまり精神的像であるが、しかし像であることにはかわりがない。

　ところでこうした像、つまり物理的な像、光学的な像は、デカルトやアルノーの時代に既によく知られていたキャメラによって結ばれた像というふうに考えていいであろう。そしてそうしたキャメラによる像の作成と、眼球による網膜上の結像との原理的同一性もまた当時のひとびとにはよく知られていた。

　ところでキャメラとはもちろん本来は、camera obscura つまり暗室の意味である。朝寝して、雨戸の外は明るいのに部屋の中は真っ暗といったときに、雨戸に開いていた節穴から光がさし込み、雨戸と反対側の壁やふすまに、戸外の景色が逆さまに映るということは日常よく経験することである。そしてこうした原理を使って 10世紀のイスラムの科学者アルハゼンは日蝕観測をおこなったといわれている。アルベルティは、イタリアのルネッサンス期において透視図法の書『絵画論』（1435）を著したが、このアルベルティはカメラ・オブスクーラをつくっている。またそれより 100年足らずおくれて、おなじく透視図法の書『絵画論』（1525年）を著したドイツの画家デューラーもカメラ・オブスクーラをつくっている。ところで彼ら両人のつくったものには、レンズは使われていなかったが、16世紀の後半になると、ひとびとはそうしたカメラ・オブスクーラにレンズを使用するようになったのである。とはいえもちろんその像は化学的な薬品によって処理されてフイルムの上に定着されたわけではないのであって、現在の写真術にはいたっていないが、とにかく、暗室あるいは暗箱の壁になかなか鮮明な実像を結ばせることはできたのである。ところで光学機械をモデルにして自らの哲学を展開した哲学者としてライプニッツがあげられる。ライプニッツはその著『単子論』（1714）の中で単子とは宇宙を映す生ける鏡だとした。そして " どのモナドも、自分自身の視点から宇宙を反映す

る"と述べた。ここでライプニッツは確かにアルベルティやデューラのいう透視画法に従って単子が宇宙を映し出すと考える。しかしこの場合映し出すとは"to mirror"すなわち"鏡が物を反映させる"という意味での映し出しである。したがってカメラ・オブスクーラが実像を結ぶのに反して、鏡の場合には虚像しかつくれない。とはいえライプニッツはこの"to mirror"という動詞を"to represent"という動詞でいいかえるのである。実際、鏡の像は虚像にはちがいないが、像であることにかわりはない。そしてこの to represent ということばは、実物が to be present（現存）しているのに対し、その実物が像という形で represent つまり再現されることを意味しているのである。

　このようにライプニッツは確かに彼の『単子論』の哲学体系の中に透視法をとり込んだが、光学機械的なモデルとしてはカメラ・オブスクーラではなく鏡しか使用しなかった。というのもライプニッツのいうモナドというものは文字どおり「単子」であって、自らの内にいかなる。部分をももたないものである。したがって、モナドの内部というものはありえず、それゆえ、モナドは外部から唯一つの窓、あるいは一つの穴でつながる密室といったものではありえないのである。そしてこれがライプニッツのモナド論にカメラ・オブスクーラのモデルが使用されず、単に鏡のモデルしか使用されなかったことの理由であるということができる。


5


　ところでライプニッツとは異って、デカルトは彼の哲学とくにその認識論において、明らかにカメラ・オブスクーラ、しかもレンズつきのカメラ・オブスクーラのモデルを使用した。しかも光学機械としてのカメラ・オブスクーラと人間の眼球が同一の構造をもつことをも十分認識していた。とはいえデカルトについていま問題にしたいのは、光学機械でもなく、眼球でもない。つまりいま問題にしようとしているのはそうした自然学的問題や生理学的問題ではなく、まさに論理学的、認識論的問題である。しかしながらそうした論理学的、認識論的問題において、実は自然学や生理学の

モデルが、ひそかに使用されているのである。

　さて『ポール・ロワイアル論理学』は、その認識の体系を、デカルトからそっくりそのまま借用している。『ポール・ロワイアル論理学』では観念つまり idée ということばが使用されるが、それは、デカルトの場合とおなじように、外界に現存する事物が、ちょうどカメラ・オブスクーラによるのとおなじように精神の中に再現させられたもの（representation）なのである。ところでポール・ロワイアリストもデカルトとおなじく、観念について明晰（clara）と判明（distineta）を区別する。そして明晰は不明晰（obscura）と対立し、判明は混雑（confusa）と対立する。ところでこの明晰と判明の区別は、ピン・ホール・カメラあるいは、レンズつきのカメラにおいてみられるものである。すなわちそうしたカメラにおいて、その孔を大きくすると結ぶ像は明るく（clear）なる。しかしその場合確かに明るいことは明るいが、しかしその像はぼやけている。それゆえそうしたぼやけをなおしてはっきりしたもの（distinct）にするために孔をしぼってやる。しかしこんどは像ははっきりするが、光が足りなくなってその像は、暗くなる。こうして明晰と判明は同時に成りたつことは難しいが、そこはなるべく両立するようにうまく調節するわけである。

　ところでこうしてカメラ・オブ・スクーラが像をつくるにはとにかく光、しかも外光がなくては話にならない。そしてこの外光こそはいわゆる“自然の光”（lumen naturale）であって、カメラのためには外光だけで十分であり、中世の神学者がいういわゆる“恩寵の光”はなんら必要ではないのである。

　さてつぎに“反省”についてであるが、この反省（reflexion）は光学的には反射であり、ライプニッツの場合は文字どおり、鏡による外物の反射である。しかし、デカルト、ポール・ロワイアリストそして、これら両者の影響を受けたロックなどにおける反省はそれと異る。このことを明らかにするために、カメラ・オプスクーラの構造を図解してみよう。

　まずピン・ホールから入った光は暗箱の奥の壁面上に倒立の実像を結ぶ。そしてこの実像が観念に相当する。ところでこの観念は外からは見えない。というのも暗箱は一つの密室であり、外からうかがい知ることがで

きないからである。と
はいえ、この実像の暗
室の中にいる人間な
ら確かに見ることが
できる。ところで暗
箱自体は一つの目、一
つの精神である。しか
しこの暗箱の中にも
う一つの目、もう一
つの暗箱があるとす

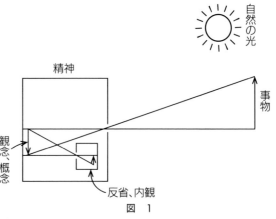

図 1

れば、そうした目は、大きな暗箱内の観念をみることができる。そしてこ
れが外ならぬ introspection（内観）であり、同時にまた reflexion（反省あ
るいは内省）にほかならない。そして実際、図からもわかるように、外界
からピン・ホールを通って直進した光線は、壁面でいったん実像を結んだ
後、そこで屈折（reflect）して、小さな方のカメラのピン・ホールへと進
入し、第二の像を結んでいるのである。

6

　以上のような暗箱モデルによる精神の認識構造の解明は、デカルトやポ
ール・ロワイアリストではあまりエクスプリシットではないが、ロックに
なると、大そうはっきりしたものとしてあらわれてくる。そこでロックの
著書である『人間知性論』第2巻「観念について」の第11章からつぎのよ
うな文を引用しよう。
　「外的な感覚と内的な感覚の二つだけが、唯一の入口である。この二つだ
けがこの知性という暗室（dark room）へ光をさしこませる窓である。知
性とはいわば外光から完全に遮断された密室（closet）であるが、唯この密
室には小穴が開けられていて、それによって外界の事物に対する可視的似
像つまり観念を結ばせることができるのである。このような暗室内にそう
した絵（picture）がとにかくできあがって貯蔵され、必要な場合にはとり

だせるように順序よく整理されていると考えるなら、そうした暗室の働き
は、視覚のすべての対象と、そうした対象の観念とを処理するところの知
性の働きに実によく似ているということができるであろう」

　ここでロックが暗室つまり dark room といっているのは、まさしく文字
どおり camera obscura つまり暗箱カメラ以外のなにものでもない。そして
ロックはこのカメラと人間の知性をアナロジカルな関係に置いているので
ある。

　ところでロックの場合の反省あるいは内観であるが、彼は同書の第 2 巻
第 6 章で " 心は観念を外部から受けているが、視線（view）を内なる自己自
身へ向けることによって、別の観念を得る " と述べている。また第 1 巻「生
得観念について」の第 1 章で、「自分自身の心を照らしだす（self-luminous）
灯火」ということばを使っている。この場合の灯火は、もちろん太陽光線
つまり外光といった自然の光ではなく、さらには恩寵の光といったもので
もない。それはそれら二つとは異る第 3 の種類の光だといえる。そしてこ
の第 3 の光は、深海魚が自ら燐光を発して（phospharescent）暗闇を照ら
しながら餌を求めるのになぞらえることができよう。実際ロックにおいて
知性は暗室にたとえられるように真暗なのであってその中で自らを内省す
るためには、そうした暗闇を自らの力で照らしだすことが必要だったと考
えられたのである。とはいえ自らを照らし出すこの燐光は余り強いもので
あってはならない。というのも暗箱を強く照明すれば、それはもはやカメ
ラとしての機能を消失するからであり、理論的にいえば、まえに図示した
ところからもわかるように、反省というものは、別に灯火や燐光がなくて
も十分可能なのである。

　とはいえこの自らを照らす燐光なるものは、むしろプロテスタント的倫
理観にかかわるものといえるかも知れない。というのも、カトリックにおい
てなら、懺悔聴問僧というものがいて、各人は自らの心の内にある罪を他
者である聴問僧に告白し自らの内心を白日のもとに曝け出すわけである。
しかし、プロテスタントにおいてはそのような聴問僧制度はなくなってし
まった。したがって個人の内部は、他人の伺い知ることのできないものと
なり、また他人にも伝達しえないものとなり、ただ自己の良心だけが自己

の内心を検討しうるということになったのである。もちろんプロテスタントといえども、キリスト教徒である限り、神の存在を認めており、彼らは聴問僧抜きで真正面から神と向かいあうのであり、そうした意味では内心が神の光に照らされているということができる。しかし理神論者（ロックがそうであった）やさらには無神論者といったことになると、神の光も薄れてしまい、その結果として良心の光である燐光がとってかわるのであるが、しかし結局はそれさえも不必要となり、もっぱら外光つまり自然の光だけでいいといった感覚論的立場があらわれるのである。

　さて燐光はとにかくとして、問題の核心はその暗室性にある。ロックは知性を closet（私室、密室）つまり private room にたとえたが、こうした privacy といった概念の出現は、近世的な自我の出現、つまり他人の誰からも覗かれず、また他人の誰ともコミュニケートしようとせず、さらにコミュニケーションは原理的に不可能であると主張するいわゆる独我論（solipsism）の出現と揆を一にするものということができるであろう。そしてこうした自我の出現は結局はデカルトの "cogito, ergo sum" の帰結と考えられるのであり、『ポール・ロワイアル論理学』もまたその流れに棹さしたものということができるのである。

## 7

　『ポール・ロワイアル論理学』における論理学の定義にみられる反省ということばの考察は以上で終えるとして、こんどは反省の対象となる精神の四つの主要な働きについて述べよう。ところでこの四つの働きとは、まえに述べたように、（1）概念の形成、（2）判断の作成、（3）推理、（4）配置である。

　ところでこの四つのうち、始めの三つと最後の一つは、性格が少しちがうので、まず始めの三つの方を考察しよう。さてそれら三つ、つまり観念の形成、判断の作成、推論の原語は、concevoir, juger, raisonner である。これは英語では、conception, judgment, reasoning と訳されている。こうした三つは、ともに精神の働き（operation, action）であるが、こうし

た三つの働きのおのおのにその働きの所産がそれぞれ存在する。そしてそれらは観念（idée）と判断（jugement）と推理（raisonnerment）である。これら三つは、ドイツ語では Idee（あるいは Begriff）、Urteil、Schluß と訳される。

　さて以上のことからわかるように論理学の三つの大きな部門である観念論（概念論）、判断論、推理論は、すべて精神の働きとその所産にもとづくものである。つまりそれらの三つの部門は、すべて事物のレベルでの問題でもなく、また言語のレベルの問題でもなく、まさに精神のレベルの問題なのである。そしてこのことは、中世論理学の代表であるヒスパーヌスの論理学において、terminus, propositio, syllogismus という用語によって論理学が述べられているのと大きなコントラストをなす。

　ところでヒスパーヌスのこの三つの用語は、日本語では、名辞、命題、推論というふうに訳されているのであり、概念、判断、推理とははっきり区別されている。つまり後の三者が精神的レベルあるいは心理的レベルでの用語であるのに対し、前の三者は言語的あるいは記号的レベルでの用語なのである。

　ところでこの terminus, propositio, syllogismus は英語では、term, proposition, syllogism というふうにラテン語からの単なる借用であるが、ドイツ語では、Wort、Satz、Beweisführung と訳される。ドイツ語のこれら三つの語は、もちろん論理学における言語レベルの用語であるが、このことは、例えば 1923年にジェスイットのアルフォンス・レーマンが著した『アリストテレス・スコラ的基盤に立つ哲学教科書』の論理学の部分における次の記述からも明らかである。すなわちレーマンは論理学を四部に分かち、(1) 概念（Begriff）とその言語的表現である語（Wort）、(2) 判断（Urteil）とその言語的表現である命題（Satz）、(3) 推理（Schluß）とその言語的表現である論証（Beweisführung）、(4) 方法、としているのである。レーマンのこの教科書は確かにカトリック的な立場に立つ書物であるが、しかし明らかに『ポール・ロワイアル論理学』の四分法にそのまま従っているのであり、その内容も相当程度、『ポール・ロワイアル論理学』をとり入れている。しかしそれでも、言語的表現のレベルを脱落させずに保

存しているという点では、中世からの伝統に従っているといえるのである。

　実際、近世論理学のほとんどは『ポール・ロワイアル論理学』に従ってその論理学の部門分けを概念、判断、推理といった心理的レベルでおこなっている。そしてこの傾向は特にフランス、ドイツにおいて顕著であるといえる。フランスにおいてそうであるということは、フランスが『ポール・ロワイアル論理学』を生んだ国であることからみて当然であるから、ドイツの場合だけを考えてみよう。さてドイツ哲学の創始者であるヴォルフが書いたラテン語の教科書『論理学』（1728）では、（1）Notio（概念）、（2）Judicium（判断）、（3）Ratiocinatio（推理）というふうに分けられている。

　つぎに、まえに挙げたことのある『カントの論理学』であるが、この論理学はまず大きく原理論と方法論に分けられ、前者はさらに（1）概念論（Von den Begriften）、（2）判断論（Von den Urteilen）、（3）推理論（Von den Schlüßen）の三つに分けられている。とはいえこれが『ポール・ロワイアル論理学』の四つの区分からきたものであることは明白である。

　ところでカント自身は『純粋理性批判』（1781）において人間の精神的能力を（1）悟性（Ver Stand）、（2）判断力（Urteilskraft）、（3）理性（Vernunft）に分けたが、これら三つの中の第1を概念の能力（Vermögen der Begriffe）、第2を判断の能力（Vermögen der Urteile）、第3を推理の能力（Vermögen der Schlüsse）としている。

　こうしてカントは哲学の書である『純粋理性批判』を、『カントの論理学』の三分法の枠に従って書いているのであり、このことからカント哲学というものは、『ポール・ロワイアル論理学』からその認識論的側面をとり出し、人間の三つの論理学的な認識能力を詳細に吟味したものということができるであろう。

　つぎにフィヒテの哲学的な論理学書『超越論理学』（1812）もまた概念──判断──推理の三分法を採用している。そしてヘーゲルもこの点では全くおなじであって、『大論理学』（1812-16）『小論理学』（1817）ともにそうした三分法を採用しているのである。

　このようにカント、フィヒテ、ヘーゲルらはともにいわゆる三分法的論理学（tripartite logic）を採用しているが、それらはもはや形式的論理学と

いうよりは内容的論理学いや哲学そのものであるといえるであろう。とはいえ彼らのそうした哲学の根底には三分法的論理学が潜んでおり、そうした論理学は、『ポール・ロワイアル論理学』以来の近世論理学のもっとも典型的な論理学のパターンであるということは特筆すべきことがらだといわなければならない。

8

　さてドイツについて概観したから、こんどはイギリスについて述べよう。まえに述べたように『ポール・ロワイアル論理学』の英訳は、原著の23年後に出されたが、その後も何種類かの英訳がつくられている。とはいえ、『ポール・ロワイアル論理学』の影響下で書き下ろされたイギリスの論理学の教科書でもっとも大切なものは、1745年にアイザック・ウォッツ（I. Watts）が出した『論理学 別名 理性の正しい使用法』（Logick or The Right Use of Reason）である。この書物は『ポール・ロワイアル論理学』とおなじように論理学を四つに区分する。そしてそれは“知覚（Perception）および観念（Ideas）”、“判断（Judgment）”、“推理（Reasoning）”、“方法（Method）”である。ここで興味深いのはそれら四つのうちの第一において観念だけではなしに、知覚というものもまた問題にされているということである。これは明らかにウォッツの師であるロックの哲学にもとづくのであって、ウォッツの論理学は、ロックの感覚論的哲学にもとづいて、『ポール・ロワイアル論理学』を書き替えたものといえるのである。

　イギリスにおけるロックやウォッツの感覚論的哲学はその後フランスに輸入される。そしてそうした感覚論的哲学、あるいは感覚論的論理学といったものをさらに徹底させたのが、コンディアックである。そしてコンディアックの考えは、さらにデステュット・ド・トラシーらのいわゆる観念学派（idéologistes、ナポレオン・ボナパルトは彼らを軽蔑して idéologues と呼んだ）によって受け継がれた。そしてこの idéologiste あるいは、idéologue は文字どおり idée の分析をおこなったのであり、ロックを経由してはいるが、もともとは、『ポール・ロワイアル論理学』の idée（観念）の理論にま

*43*

でさかのぼるものといえるのである。

　以上述べたように、近世論理学の主流は、idée（観念）、jugement（判断）などといった精神作用を扱うものなのであるが、しかしそれでも例外的に terme、proposition といった言語レベルの存在を扱うものもある。そしてそれのもっとも著名な例がホッブス、ミル、ジェポンズである。すなわちホッブスは『哲学原理』（1655）第 2 巻で論理学を名辞について（of names）、命題について（of proposition）、推論について（of syllogism）、方法について（of method）の四部に分けている。またジョン・スチュアート・ミルは『論理学の体系』（1843）を三巻に分け第 1 巻で名辞および命題について（of names and propositions）論じ、第 2 巻で推理について（of reasoning）論じ、第 3 巻で帰納法について（of induction）論じている。そしてジェヴォンズは、その著『論理学原論』を名辞（terms）、命題（propositions）、三段論法（syllogisn）、誤謬推理、帰納、方法の 6 つの部分に分けているのである。

　イギリスにおける以上のような三つの例をみると、そこには一見中世スコラの論理学の伝統が続いているようにみえる。そしてそれは実際そのとおりである。とはいえそれは 13 世紀のペトルス・ヒスパーヌスの実念論的（realistic）論理学の流れではなく、むしろ 14 世紀のウィリアム・オッカムの唯名論的（nominalistic）論理学の流れだといえる。実際、イギリスの哲学者オッカムの唯名論的哲学は、オックスフォード大学の伝統をなしたのであり、ホッブスもその影響を大きく受けたものといえる。ところで唯名論の原語は nominalism であるが、それはまた terminism ともいわれる。そしてこれら両語はそれぞれ、nomen（名）と terminus（名辞）という語をもとにしてつくられたことばである。実際、オッカムの『論理学綱要』（Summa Logictue）は、terminus（名辞）、propositio（命題）、syllogismus（三段論法論の三つに分かたれており、後の二つは最初の terminus 論に基づいている。そしてそれゆえ、オッカムおよびオッカム学派（Ockhamist）はまた terminist といわれ、さらに nominalist ともいわれるのである。そして唯名論者ホッブスの唯名論的論理学もまた、その名称にふさわしく名辞論（of names）を基礎に据えているのである。

　ところでミルとジェヴォンズはホッブスほど唯名論的傾向が顕著ではないが、『ポール・ロワイアル論理学』から始まった観念を重んじる流れに抗して、言語レベルでの論理学的扱いを重視するのであり、この点で中世論理学の優れた遺産を継承し発展させたといえるのである。実際、中世論理学と近世論理学を較べてみると、論理学の根幹をなす推論の計算（いわゆる論理計算）の面においては、中世論理学の方が遙かに勝っているのであり、その限りにおいては、近世論理学はむしろ中世論理学から退歩したものといえる。それというのも、実際、近世論理学は余りにも観念の分析に力を入れすぎたからであって、その結果そうした論理学は、もはや論理学の形態を消失し、フランスの場合は、観念学（idéologie）となり、ドイツでは観念論（Idealistnus）に堕してしまう。もちろんそうした現象を立派な新しい哲学体系の出現とみることができようが、論理学史的にみれば、そうしたできごとは論理学の退化以外のなにものでもないのであって、その意味で論理学史的には中世こそは黄金時代であり、近世はむしろ暗黒時代だといわなければならないのである。

　とはいえそうした暗黒時代において、かつての黄金時代の中世論理学は唯名論的な形態で、イギリスに残存するのであり、ミルとジェヴォンズは、そうした古くからの演繹論理学に新らしく帰納論理学を付加して、論理学を豊かなものにしたといえる。ミルの論理学はその形式論理学の面においてドイツ系の論理学とちがってなかなかしっかりしたものであるが、特にジェヴォンズの論理学は可成な程度にまで記号を導入し、論理学の計算化に勉めた。ジェヴォンズのこうした仕事は、記号論理学の創設者ブールの結果をとり入れたものであるが、ブールの数学的外観を柔らげたうえで伝統的論理学にとりこんだものということができよう。とはいえジェヴォンズのこうした論理学の記号化、計算化の試みは既に遠くホッブスの唯名論的論理学の伝統に根ざすものである。そして実際ホッブスにおいて reasoning（推理）とはそのラテン語の語源に従って reri つまり reckon（勘定、計算）することであり、syllogism（三段論法）もその原義どおり、考え合わせること、勘案すること、そして勘定すること、総計を出すことだったのである。

　このように近世においても、ミルやジェヴォンズにみられるような言語レベル、記号レベルの論理学があるにはあったけれども、しかしその主流は観念レベルの論理学であった。それでは近世に始まるそうした観念レベルの論理学がなぜそれまでの中世論理学に抗して新しく登場したのであろうか。それに対する答えははっきりしている。というのも中世論理学は、言語論理学といわれるように、言語的レベルに重点を置く。しかしこの言語的論理学はやがて極端に走り、言語の指し示すところの現実を忘れ、文字面だけに拘泥して空理空論に堕することになってしまう。そしてスコラ哲学もまた瑣瑣哲学と仇名されるように、いたずらに難解で複雑なことばをいじくって無益な議論に陥ってしまったのである。こうしたスコラ哲学に対する反感はルネッサンス期の心あるひとびとの多くが抱いていたものであるが、そうした感じをもっともはっきりと表明したのがデカルトであり、彼は『方法叙説』の中で無内容なスコラ哲学と、それに奉仕した中世の言語学的論理学を真正面から批判し、自分はそうした論理学を全面的に棄て去ると宣言しているのである。

　ところでこうした中世論理学の批判は結局のところ、その記号主義の批判、それも日常言語的な自然言語主義の批判にほかならない。実際中世の論理学はその研究対象を、vox significa-tiva（意味作用をもつ音声）としている。そして terminus も、propositio も、syllogismus もそうした vox significativa にほかならない。ところでこの vox significativa は文字どおりには確かに音声でありさらに意味ある音声つまり音声記号である。しかしこの音声は現在では録音機によって定着されうるが、中世においてはそんな手だてはなく、いちおう文字記号として定着された。そしてこれが phonogram つまり音標文字に外ならない。実際中世論理学では、terminus の例として homo という文字記号が使用されるが、この homo はラテン語で"ひと"を意味し、その発音はラテン語で"ホモ"である。このことからもわかるように中世論理学の対象はこうした homo のような表音記号なの

である。

　ところでこのhomoはそれが"ホモ"と発音されれば確かに人間の音声であるが、しかしそれは単なる人間の音声つまり、無意味な音声ではなく、文字どおり、"意味作用をもつ音声"である。したがって"ホモ"という発音は、人間という対象を意味するものである。また"Homo currit"というラテン語の文章を"ホモ・クリット"というふうに発言するとき、それは一つの命題として、"人が走る"という事態（state of affairs）を意味するのである。ところで中世論理学は言語的論理学といわれるとおり、音声的レベル、音標文字的レベルを研究対象としたのであるが、しかし最初はもちろん"意味作用をもつ音声"ということばからもわかるように、音声の意味作用の方も考慮に入れ、さらにはその意味対象の方も考えに入れていた。しかしその後、意味対象つまり現実的な事物や事態の方はおろそかになり、やがて事実はなれをした空理空論ということになってしまったのである。そしてデカルトを始めとするスコラ学の批判者はそうした点を攻撃したのであるが、その結果彼らのとるべき道は、結局、人間の精神と現実的な事物との間にある言語記号という介在物を全部とっぱらい、この目で直接に事物をみるということになったのである。

　さて以上のような事情を図示することにしよう。するとスコラの立場は図2の（a）のようになるであろう。そこにおいて、人間の目はまずhomoという音標文字をみる。ところでこの音標文字は現実の人間を意味してい

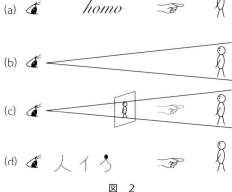

るのであり、この意味作用を指印であらわした。人間の目がhomoという字を見ればその目に人間の姿が映っていなくても、その字によって人間の姿を喚起することができるのである。しかし近世の反スコラ派たちは、そうした文字記号の介在は現実をおおいかくしたりゆがめたりするもの

図　2

だとして、そうしたものをとりはらい、現実に存在するものをこの目で直接的にみようとするわけである。そしてそれが（b）にほかならない。

とはいえ単に（b）の方法ではあまりにも芸がないといわねばならない。というのも（b）のやり方では確かに実物をこの目で見るわけであるが、しかしそれはその実物がなくなれば、見えなくなるのであって、そうした視覚をなんらかの形で定着させねばならない。そしてその方法として彼らが考えたのは（c）と（d）の方法であった。

さて（c）の方法とは、目と実物の間に透明なつまり透視可能なスクリーンを置き、このスクリーンの上に実物の似像を書き上げる方法である。ただしこの書き上げ方はあくまで現実をゆがめずに写実的にやらねばならないのであり、そうした方法がまさしくルネッサンス期に発明された透視画法あるいは遠近画法だったのである。

ところで哲学への透視画法の輸入はまずライプニッツによっておこなわれたのであるが、彼の場合は先に述べたように、それを単子論の中へ導入した結果、（c）のような形にはならず、単に単子という鏡に現実を映すといった形になってしまったのである。

ところで（d）の方法であるが、これは象形文字を使うやり方である。象形文字の原語は ideo gram であるが、ドイツ語ではこの ideogram を直訳して Begriffsschrift という。この ideo gram の典型はエジプト文字と漢字である。ライプニッツは彼の記号論の建設に当って、こうしたエジプト文字と漢字の両方に目をつけ、ギリシア文字やラテン文字といった表音文字との性質の相違を見抜き、そうした象形文字を有効に使おうと考えた。そして実際この象形文字を使うという方法（d）は文字を使うという点では（a）に似ており、絵であるという点では（c）に似ておるのであって、ちょうどそれら両者の中間の位置を占めるものといえる。

ところでライプニッツは実をいえばエジプトや中国の象形文字をそのまま採用したのではなく、すでに代数学などで使用されている +、-、=、√ などのことを念頭においているのである。そしてそれは plus（プラス）とか minus（マイナス）というふうに音標文字で表わされているのではなく、+、- といったただ一つの記号であり、そうした一つの記号で一つのまとま

った概念が表わされているのである。

　ところでライプニッツはそうした象形文字つまり ideogram の組み合わせで記号体系を構成しようとしたのであり、これは現代の記号論理学の先駆といえる。そしてそうした仕事を継承して完全なものに仕上げたのがフレーゲであって、実際、彼は『概念文字』（Begriffsschrift）と題された記号論理学の書物を書いているのである。ところで確かにフレーゲは、Begriffsschrift ということばを使ってはいるが、それはもとは、ideogram あるいは、ideograph であって、近世の初期から記号学に利用されたものなのである。こう考えてくると、フレーゲの『概念文字』で代表される現代の記号論理学は、記号レベルを扱う論理学という点では中世論理学と似通ってはいるが、後者が表音文字を扱っているのに対し、前者は象形文字を扱っているという。点で根本的に違うといえる。そしてこの象形文字的伝統は実は、近世初頭のスコラ学批判から出発したのであり、しかも ideogram ということばからもわかるように確かに・gram という意味では、phonogram とおなじく書かれたものであるが、ideogram の方は、phonogram とちがって、phone（音声）ならぬ idea（形姿）を書いたものなのである。

10

　さてここで idea ということばがでてきたので、この語の由来について考えてみよう。idea で最も古く最も有名なのがプラトンのイデア論におけるイデアである。ここではプラトンのイデア論の詳細を述べる場ではないので、ただプラトンの "洞窟の比喩" だけを使ってプラトンのイデアというものの性質を述べてみよう。

　プラトンを始め古代の哲学者たちのいうイデアとは近代人のいう idée（観念）とちがって人間の頭の外にある客観的な存在である。ところでこのイデアは存在する事物の原型、模範というべきものである。そして現実のものはそうした原型、模範のコピーである。ところでこうした関係は、プラトンでは光学的な方法で比喩的に述べられた。そしてそれが洞窟の比喩である。

49

図3の（a）においていま人間が真暗な洞窟の中に住んでおり、目は壁の方を見ることはできるが、首をまわして後をふりむくことができないとする。この後を見られないということは、イデアを直接見られないということを意味するのであり、彼の見ることができるのはただイデアの影だけなのである。こうしてプラトンにとって、この世界に存在する事物はすべてイデアの影にすぎないということになる。

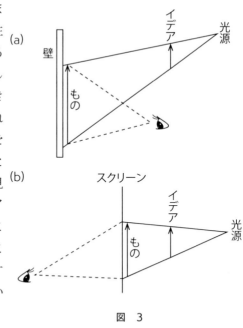

図 3

つぎに（b）は（a）とその本質的な構造はおなじであって、人間はスクリーンを通してそのスクリーンの向うにあるイデアを見ることは不可能であり、ただスクリーンに映るイデアの影をみるだけである。この場合もやはり事物はイデアの影ということになるのであり、影であるからには現実の事物は実在性が薄く、真実在はそうした事物の背後にあるということになる。こうした立場では、当然現実の世界以外に、その背後にもう一つの背後世界、超越世界があるということにある。そして実際、Metaphysik（形而上学）は文字どおりそうした世界を研究する学だということになるのである。

中世のキリスト教哲学もまた(b)タイプのイデア論だといえる。中世哲学ではイデアは、"神の心の中における原型的概念（archetypal conception）"だといえる。すなわち神は世界を創造するに当って世界の設計図をまず自らの頭の中に描き上げ、この設計図にもとづいて世界をつくり出したわけである。そしてこの設計図が神のイデア（idea divina）であり、神の頭の中にある観念なのである。

　とはいえ人間はそうした神のイデア、神の頭の中の観念を直接見ることはできない。人間が直接見ることのできるのは現実の事物だけである。しかしこの現実の事物はすべて神の創造のなせるわざであり、神のイデアの写しであり、神の作業の痕跡（vestigia）である。それゆえそうした現実の世界を通してその背後にある神の意図をおしはかることができるのである。

　こうして中世では世界および自然というものは“自然の書”であり、“第二の聖書”であるといわれる。“自然の書”とは“自然という書物”であり、自然そのものが一冊の本だという意味である。ところでこの場合本といってもただの本ではなく“第二の聖書”である。というのも“聖書”は神のことばを文字にしたものであり、この“ことば”を読むことにより、そうしたことばを通して神の意図を知ることができるのであるが、それとおなじように自然は神の労作であって、そうした自然を本として読むことによって神の意図をよみとることができるからである。

　このようにして古代、中世のイデア論では、図3の（a）、（b）にみられるように、（1）イデアが本ものであり、現実の事物はその影であった。また（2）イデアは人間の頭の外にあるものであった。ところがそうした古代中世のイデア論は近世において逆転させられる。すなわちまず（1'）現実の事物こそが本ものであり、イデアはその影、その像（image）にすぎないということになる。つぎに（2'）イデアはプラトンのように外界にあるものではなく、中世におけるように神の頭の中にあるものでもなく、人間の頭の中にあるものだということになる。そしてこの（1'）、（2'）を光学モデルであらわしたものが、さきにあげた図1の暗箱装置つまりキャメラという機械装置だったのである。

11

　こうして近世のイデア論つまり観念の理論は、神の頭ならぬ人間の頭の中に存在するところの観念の研究だということになる。しかしそのモデルとしてのカメラ・オブスクーラは確かにそうした近代的観念論の一面をよくとらえているが、実をいえばなお不充分な点がある。それというのもカ

メラはあくまでも機械であり道具であって、そこには自発性、自主性といったものがなんら存在しないからである。ところが人間および人間の観念は、感覚論者のいうような単なる受動的なものではなく、能動的な側面、創造的な側面をももっているのである。

　実際創造主である神のイデアは神の世界創造のプランとして文字どおり創造的なものであった。そしてそうした神のイデア、神の観念を人間のイデア、人間の観念に取り代えた近世哲学において、そうした人間の観念もまた、自発性、創造性をもつということは当然であった。したがって近世哲学における観念の理論のそうした能動面をあらわすには、カメラのような機械モデルでは決して十分ではないといわねばならないのである。

　さて『ポール・ロワイアル論理学』は、まえにあげた定義にもあったように、人間の精神（esprit、mind）の四つの主要な働きを反省的に考察するものである。それゆえ『ポール・ロワイアル論理学』は、一言にしていえば人間の精神の考察であるといえる。さてこの精神はフランス語では、esprit であるが、ラテン語では mens である。ところでこの mens からつくられた語に mentalism ということばがある。これは、個人の精神とその主観的状態のみが真の実在であると主張する立場である。この語は、idealism ということばと似通っているが、しかし idealism よりは外延が狭い。すなわち mentalism ということばはヘーゲルなどの絶対的観念論（absolute idealistm）よりはむしろバークレー、ライプニッツなどの個人主義的観念論（individualistic idealism）によりよく適用されることばなのである。

　さて『ポール・ロワイアル論理学』はいちおうはそうした mentalism の立場に立った論理学であるといえるが、この mentalism の本質的機構をみごとに解明したのが現代アメリカの言語学者チョムスキーである。チョムスキーは問題を言語学に限ったのであるが、そこでいままでの経験主義的言語観を捨て去り、人間が無限の新しい文章を創造しうる発話能力をもつということを確認したうえで、その能力の解明を企てた。彼のそうした反経験主義的、反行動主義的な立場はデカルト以来の mentalism の系譜につながるのであり、実際チョムスキー自らもそのことを認めているのである。

　ところでまえに述べたように『ポール・ロワイアル論理学』は、デカル

ト的な思想のもとに書き上げられたものである。それでは、そうした『ポール・ロワイアル論理学』は、チョムスキーの文法理論、言語理論とどのように関連するのだろうか。

　チョムスキーの文法理論は二本の柱からなる。一つは生成文法であり、もう一つは変形文法である。生成文法の方は、有限個の単語と、有限個のルールから人間がいかにして無限の文章を生成しうるかという機構を解明したものであって、これによって言語活動における人間の創造的面が明らかになったということができる。つぎに変形文法の方であるが、チョムスキーは、自然言語というものが、文字面だけではいろいろな多義性や不規則性をもっており、そのままではきわめて処理しにくいということを痛感し、それに対するみごとな対応策をつくりあげた。そしてそれがほかならね変形文法であって、変形とは、自然言語の表層構造から深層構造へ、また深層構造から表層構造への変形という意味である。そしてそうした二つの層の間の変形ルール、つまりいわば翻訳ルールの集まりが変形文法の実質をなすのである。

　さてこうしたチョムスキーの変形文法の考え方によると、文法学と論理学の大きな違いは、文法学の扱う対象が、自然言語であるのに対し、論理学の扱う対象は人工言語だという点にある。そしてこうした人工言語では、多義性や不規則は完全に排除されているのである。とはいえチョムスキーは論理学者ではなく、言語学者、文法学者である。それゆえ彼の研究対象はあくまでも自然言語である。しかし彼は自然言語を決して自然言語のままで分析するのではない。彼は自然言語を単なる表層構造としてとらえ、その下に深層構造があるという立場をとるのである。

　このように自然言語を表層構造だと主張しても、現に人間が日常話していることばは、自然言語以外のなにものでもない。だとすると深層構造というものはいったいどういうものであろうか。深層構造は文字どおり、日常言語の下に潜み隠れているものである。したがって普通の状態では、explicite なものではなく、記号化、つまり音声化ないし文字化されてはいない。しかし人間が口常的にことばを語り、ことばを書くときには、必ず人間の精神の中においてそうした深層構造が存在するはずである。もちろんそうし

た深層構造を explicite にし、解明することは可能であり、現にチョムスキーもそうしたことを遂行したのであるが、深層構造それ自体は、もともと精神内的存在なのである。そしてそうした精神的存在である深層構造の実在を認め、それを探究しようとする立場こそ、まさに mentalistic ということばに価いするということができよう。

　このようにみてくるとチョムスキーの表層構造と深層構造の区別、そしてそのうちの深層構造の重視といったものは、『ポール・ロワイアル論理学』の記号と観念（ilee）の区別、そしてそのうちの観念の重視といったものと軌を一にするといえるのである。ところで『ポール・ロワイアル論理学』も論理学である限りはその核心は推論とくに三段論法的推論にある。ところでそうした三段論法が遂行されるためには、"S は P である"といった形式、つまり主語——繁辞——述語といった形式がどうしても必要である。ところがわたしたちの日常話していることばにおける文章には"S は P である"といった形式をきちんと備えた文章はきわめて少い。しかしそうした形式を備えていない文章でも、三段論法に乗せるためには"S は P である"といった形式をその深層に想定しなければならない。例えば"Je chante"（私は歌う）という動詞文はそのままでは三段論法に乗らない。そこでそれを単なる表層構造とし、それの深層構造は実は、"Je suis chantant"（私は歌う者である）であるというふうに考えなければならないのである。このようにして『ポール・ロワイアル論理学』は、論理学の生命である三段論法を、日常の言語生活のまっただ中で遂行させるために、深層構造を考えざるをえず、それゆえ単なる字面だけの立場、記号レベルの立場に留るのではなく、観念のレベルを強調するといういわゆる mentalistic な立場をとらざるをえなかったのである。


12


　さてまえに『ポール・ロワイアル論理学』における論理学の定義を述べたが、その後に、人間の精神の四つの働きの具体的な内容が簡潔に述べられているので、少し長いが、それを以下に引用してみよう。

"（1）事物に関してその概念を形成するとは、その事物をそれが精神に現われるとおりに、眺めることに外ならない。たとえばわたしたちが太陽、地球、樹木、円、正方形、思考、存在などを精神の中に出現させ、しかもまだはっきりした判断をなにも作成していない場合がそうである。わたしたちがそうした事物を精神の中に出現させるときに用いる形式は観念と呼ばれる。

（2）判断の作成とは一つの観念を他の観念について肯定したり否定したりすることによって二つの観念を結合することである。例えば地球の観念と円の観念をもっていて、地球は円いとか円くないとかいって、円の観念を地球の観念について肯定したり否定したりする場合がそうである。

（3）推理とは、既成のいくつかの判断からそれらと異なる一つの新しい判断を形成することである。たとえば「ほんとうの徳は、神に関係するものでなければならない」と判断しさらに「異教徒たちの徳は神に関係するものではない」と判断したうえで、それら二つの判断から、「異教徒たちの徳はほんとうの徳ではない」と結論づけるのがそうである。"

　精神の働きはもちろん四つあるわけであるがいちおう以上三つで区切ることにし、四番目は後まわしにしよう。

　さて論理学の中心は、アリストテレスの『オルガノン』以来三段論法にあり、『ポール・ロワイアル論理学』もいちおうそれを踏襲している。さて三段論法は精神の第三番目の働きである推論として扱われる。ところでいまの引用中にみられる三段論法の例はその形式においては Camestres である。Camestres とは第三格第二式のことであって、すべての C は B である。いかなる A も B ではない。ゆえにいかなる A も C ではない "という形式をもつ。ところでいまの三段論法の内容の方は宗教的である。そこで異教徒といっているのはギリシア人のことであり、ギリシア人は賢明、節制、剛毅、正義の四つをもっとも主要なる徳と考えた。しかしキリスト教徒たちは、そうした四つの徳は神に関係するものではないとして一段下のものと考え、ほんとうの徳は神に関係するものであるとした。そしてそうした神に関係する能とは信、望、愛の三つだったのである。

　ところで内容面はさておき、いま挙げた三段論法は、その形式において

は三つの判断から構成されており、文字どおり三段になっている。それゆえそうした三段論法つまり推理は、三個の判断に分解できる。そしてそうした個々の判断をとりあげて研究するのが第二部の判断論である。ところでそうした個々の判断はすべて二個の観念から成り立っている。したがってそうした判断を観念に分解し、そうした個々の観念をとりあげて研究するのが第一部の観念についての理論である。

$$\mathrm{I}\ \{A, B, C\}$$

$$\mathrm{II}\ \{A-B,\ B-C,\ A-C,\ B-A,\ C-B,\ C-A\}$$

$$\mathrm{III}\left\{\begin{array}{c} B-C \\ \underline{A-B} \\ A-C, \end{array}\qquad \begin{array}{c} C-B \\ \underline{A-B} \\ A-C \end{array},\qquad \begin{array}{c} B-C \\ \underline{B-A} \\ A-C \end{array}\right\}$$

図　4

こうして、『ポール・ロワイアル論理学』における最初の三部は図４のとおりとなるであろう。図４において、Ⅰ、Ⅱ、Ⅱは『ポール・ロワイアル論理学』の第一部、第二部、第三部を意味するとする。そしてA、B、Cは観念を意味する記号である。また短い横線は肯定あるいは否定を意味し、長い横線は“ゆえに”を意味する。そして{　}は集合を意味する。そしてその成員の数は、Ⅰにおいては３個、Ⅱにおいては６個、Ⅲにおいては３個である。

こうして図４からただちに第一部から第二部、第三部への方向が綜合の方向であり、第三部から第二部、第一部への方向が分析の方向であることがわかるであろう。また、第一部における個々の観念が第三部の三段論法の素材をなし、出発点をなすということ、そして逆に、第三部における推理、つまり三段論法が第一部の観念の理論の最終目標であるということも理解できるであろう。

## 13

以上で三部の内容がわかったので最後の第四部に移ろう。そしてその内容はまえに挙げた引用にすぐ続くつぎのような文章から明らかとなるであろう。

“（4）配置する（ordonner）とは、あるテーマについて—たとえば身

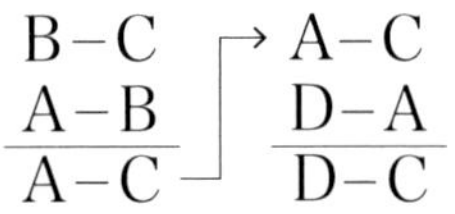

$$\left.\begin{array}{c} B{-}C \\ A{-}B \\ \hline A{-}C \end{array}\right\} \rightarrow \begin{array}{c} A{-}C \\ D{-}A \\ \hline D{-}C \end{array}$$

図 5

体について──わたしたちがつくりあげたさまざまの観念、判断、推理を、そのテーマがもっともよく認識されるように適切な順序に配する（disposer）ことである。こうした配置の作用はまた手順あるいは方法（méthode）ともいわれる。"

　以上のテキストからみると、配置とは、第一部、第二部、第三部をさらに延長したものであって、結局推理のつみ重ね、三段論法のつみ重ねだということになる。ところでそうした三段論法のつみ重ねとは結局証明ということにほかならない。というのもあるテーマについてのテーゼを証明するためには、普通ただ一つの三段論法ですむことは稀であり、ほとんどの場合、二つ以上の三段論法をつぎつぎと連れていくということにならざるをえないからである。だとすると、第四部つまり配置あるいは配列についての理論の場合、その出発点は {A、B、C} といったものではなく、{A、B、C、D、E、.....} といったものになるであろう。そしてその結果、例えば図5のような三段論法のつみ重ねが、可能となるであろう。ところでこのように出発点となる観念の数が4個以上になってくると相当複雑な組み合わせが可能となるのである。そしてその結果、あるテーゼを証明するためには観念をどのように組み合わせ、そうした組み合わせの結果をどのように順序よく配列すればよいかということが当然、問題となってくるのである。

　さてこの第四部を説明する『ポール・ロワイアル論理学』のテキストの中で、配列の目的を、あるテーマがもっともよく認識されることに置いているということに注意しよう。ところで『ポール・ロワイアル論理学』における論理学の定着は最初に挙げたように、「人間が事物を認識する際に、彼の理性を正しく導く術」であった。そしてこの認識は、実は第一部、第二部、第三部だけでは未完であって、第四部になってはじめて完成されるのである。そしてこのように、事物の認識は、推理の連鎖つまり証明によってはじめて可能であると主張するところに、『ポール・ロワイアル論理学』の論理学としての名に恥じない本領がはっきりあらわれているということができるのである。

　このようにして『ポール・ロワイアル論理学』の核心はその第四部に存

するということがわかったが、実はこの第四部の実際の内容が、先にあげたテキストの語るところと大きく食いちがっているのである。すなわち第四部の実質的内容が証明の理論であることは確かであるが、その証明の理論は、三段論法の積み重ねとしての証明の理論ではなくて、いわゆる幾何学的証明についての理論なのである。

さてこの幾何学的証明は実はパスカルの『幾何学的精神』の中で述べられた幾何学的証明の方法をほとんどそのまま採用したものである。実際、パスカルもまたアルノーやニコールとおなじポール・ロワイアリストだったのであり、彼等はともにジャンセニストとして宗教的信念を同じくしていただけでなく、数学についてもまた密接な交流をおこなっていたのである。

さて幾何学的証明も証明である限りは、三段論法や、それの積み重ねとしての証明とおなじく、綜合の方法であるといえる。しかしこの綜合の方法に対しては当然その逆のコースとしての分析の方法も存在する。そして「ポール・ロワイアル論理学」の第四部である配置、配列の理論が"方法"の理論であるといわれる限りそうした分析の方法をも含んでいなければならない。ところでこんどはそうした分析の方法についてであるが、これもまた、三段論法を判断に分解し、その判断を分解していくといった意味での分析の方法ではなく、いわゆる発見の方法としての分析の方法である。そしてこの発見の方法は実質的には、デカルトの『精神指導の規則』の中の第13則なのである。アルノーとニコールが、デカルトの草稿を利用したことは彼等自身が、はっきりことわっていることからも明らかである。ただしデカルトのその草稿は、アルノーとニコールが利用した時点では遺稿だったのであり、この遺稿を彼らはある人物の好意によって読ませてもらったのである。ちなみにデカルトのこの遺稿は、『ポール・ロワイアル論理学』の刊行よりも40年ばかり後の1701年になってやっと『精神指導の規則』という名のもとで刊行され人目に触れるようになるのである。

さて以上のことを考え合わせてみると、『ポール・ロワイアル論理学』においては第一部から第三部までと第四部の間には非常に大きなギャップが存するということはもはや明らかであろう。つまり一応表面的には、第四

部は第三部の延長というふうにみえる。すなわち第三部において述べられた三段論法を利用して、証明論を述べているようにみえる。とはいえそうした試みは実はすでにアリストテレスが『分析論後書』において試みたことなのである。しかしこの点で二人のポール・ロワイアリストはアリストテレスからはっきり訣別した。すなわち彼らは、綜合と分析の方法を三段論法の技術にもとづけるというアリストテレス以来の方法を捨て、それとは異質の数学的方法、つまり当時のヨーロッパの最先端を行く数学的方法であるパスカルの幾何学的証明論とデカルトの解析学的方法論を採用したのである。そしてこのことは実際、いくら強調しても強調しすぎることはないのであって、この点で、『ポール・ロワイアル論理学』は、三段論法を中核とするアリストテレスの古代的論理学および、アリストテレスの三段論法を継承した中世スコラの論理学とはっきり絶縁する。いやそれだけではなく、『ポール・ロワイアル論理学』の第四部は古代、中世の三段論法というものを保存している第一部から第三部までの部分とも絶縁したということができる。そして『ポール・ロワイアル論理学』の革新性はまさにこの点に存するということができるのである。

14

　このように『ポール・ロワイアル論理学』は実は木に竹を接いだような複合体であるといってもよいであろう。このことは、この論理学書で使用されている実例からも確かめることができる。すなわち一方では数学や物理学といった科学的な材料が実例として数多く使われている。しかし他方では日常の常識的な素材や神学的な素材もまた多く使われている。そしてもちろん前者のタイプの例は主として第四部の中にみられ、後者の例は主として第一部から第三部の中にみられるのである。

　ところで科学的な例や、日常の常識的な例が使用されるのはいいとして、近世的な論理学書であるはずの『ポール・ロワイアル論理学』の全篇にわたって宗教的な例がずいぶんたくさんでてくるのである。中世のスコラ的論理学は、確かに神学の侍女として神学的議論のための道具であった。

59

しかし近世論理学の祖である『ポール・ロワイアル論理学』に宗教的な例がいっぱいでてくるのはいったいどうしたことだろうか。そもそも『ポール・ロワイアル論理学』はなんのために書かれたのだろうか。

　第四部に関する限りその意図ははっきりしている。それはまぎれもなく、近世科学のための方法論である。しかし第一部から第三部、特に第三部の三段論法は、そうした科学のための道具ではない。それは日常的な常識、それも蒙昧で迷信的な常識ではなく、理性によって与えられた良識をつくりあげることに奉仕するものである。しかしながら『ポール・ロワイアル論理学』はまた二人のポール・ロワイアリストが、彼らの宗教的立場であるジャンセニズムを防衛する議論に役だてるという党派的な目的のために書いたものであるということができるのである。

　とはいえそれではジャンセニストたちは誰を相手に宗教的論争をおこなったのだろうか。こうした問に対して、彼らは両面に敵をもち、その双方と激しく対立したと答えるべきであろう。そしてその両面の敵とはジェスイットとカルヴィニストであった。実際アルノーとニコールは、例えば『ポール・ロワイアル論理学』の第一部15章においては、聖体論をめぐってカルヴィニズムを激しく攻撃し、他方第四部14章では奇蹟論をめぐってこんどはジェスイットの教説を攻撃しているのである。

　ところで以上のようなポール・ロワイアリストの立場は当時のキリスト教界の勢力関係を考えることによって理解することができよう。すなわち

```
┌カトリック　┌ジェスイット(反宗教改革)　　　　　アルノーや
│　　　　　　└ジャンセニスト(カトリック内のプロテスタント)　ニコールや
└プロテスタント──カルヴィニスト(宗教改革)　　　　パスカルら
```
図　6　　　　　　　　のジャンセ

ニストがポール・ロワイアル修道院に立てこもって新しい宗教運動をおこなっていたときは、すでにカルヴァンによる宗教改革がおこなわれた後であり、さらに、反宗教改革をおこなおうとしたジェスイット派も出現していた。ところでジャンセニストはプロテスタントとはちがってカトリック内に踏みとどまってはいたが、しかし古いカトリックの体質を鋭く批判したという点でカトリック内のプロテスタントともいうべき存在であった。

　そしてそれゆえジャンセニストは、カトリック当局、とくにジェスイット
から迫害を受け、アルノーなどは国外に逃亡しなければならなかったし、
またジャンセニズム自体もやがては絶滅させられてしまうのである。

　ジャンセニストを囲むこうした厳しい情勢は、論理学といった本来無党
派的普遍的であるべき学問にも反映しているのであって、『ポール・ロワイ
アル論理学』の随所にみられる対ジェスイートおよび対カルヴィニストの
論争からみて、この論理学が宗教的党派性をもつものであることは明らか
であり、さらには、自己の教義を防衛する論争的技術の開発がこの論理学
の執筆の目的の一つであったとさえ感じさせるのである。

　とはいえ実をいえば、いかなる論理学も、その発生においては、なんら
かの哲学的教説、なんらかの宗教的教義と結びついているのであり、そう
した意味で論理学もまた党派性をになうものといわなければならないので
ある。それゆえポール・ロワイアリストだけが党派性をもった論理学をつ
くったわけではない。実際、カルヴィニストもまた彼らに特有の論理学を
つくりあげてもっていた。そしてそれがラミスト的論理学にほかならない。

　ペトルス・ラムスは“アリストテレスの言っていることはすべて虚偽で
ある”と主張し、自ら反アリストテレス的な論理学をつくりあげた。そし
てそれが1543年に出た『論理学原理』である。ところでこのラムスは実は
フランスのカルヴィニストつまりユグノーなのであり、現に最後は1572年
の聖バーソロミューの大虐殺事件の犠牲者の一人として一生を閉じるので
ある。ラムスの論理学がカルヴァン派の論理学となったのは以上のような
事情にもとづくものであって、ラムス的な論理学は、その後長くカルヴァ
ン派のひとびとによって使用される。例えばイギリスの詩人でありピュリ
タンであるジョン・ミルトンも1672年に、『論理学原理』というラテン語
の教科書を書いているが、これは明らかにラムス系の論理学である。また
ピュリタンの一部分は、ニューイングランドに渡るが、その地に建てられ
たピュリタン系の大学であるハーバード大学もまた長くそうしたラムス系
の論理学を使用したのである。

　ところで他方ジェスイットの方も自らの党派にふさわしい論理学の教科
書をつくりだす。そしてこうした流派の論理学は20世紀の現代にいたるま

で息長く続くのであり、例えば日本の上智大学のジェスイット、ヨセフ・ロゲンドルフ氏は昭和21年に『論理学要説』を書いているが、これはカトリック系の大学である上智大学の学生のためのものであるということができるのである。

15

　このように近世初頭においてジェスイット、ジャンセニスト、カルヴィニストが宗教的に対立して論争しあい、さらにそのうえそれぞれの宗派が自らの党派的立場に立って論理学をつくりあげたということは大そう興味深いことがらである。とはいえこうした三種の論理学は、やがて自由競争の原理にもとづいて、その勢力範囲を奪い合う。そしてその結果やはり、『ポール・ロワイアル論理学』がひとびとの最も大きな共感をかちえて最大の版図をもち、結局は近世論理学の祖といわれるようになる。そしてこのことは日本においてさえ戦後にいたるまで、そうした『ポール・ロワイアル論理学』系の論理学が教えられていたということからも明白なのである。

　とはいえ『ポール・ロワイアル論理学』がそれほど大きな人気をかちえたのはなぜであろうか。それがジャンセニズムという宗教的立場の強大さによるものでないことは明らかである。というのもジャンセニズムは18世紀の始めにいちはやく根絶やしにされてしまったからである。だとすると「ポール・ロワイアル論理学」系の論理学が他のタイプの論理学を押しのけて最有力なものとなり、近世ヨーロッパにおいてもっとも広範囲にわたって受け入れられるようになったことの理由は『ポール・ロワイアル論理学』がいち早くデカルト哲学をとり入れたということに存したといわざるをえないのである。

　ところで一口にデカルトの哲学といってもそのなかには二つの要素がある。一つは観念の理論であり、もう一つは数学主義である。そして前者の要素は、古くからの三段論法と結びつき、その結果、観念の論理学というべきものがつくりあげられたのであり、これが『ポール・ロワイアル論理

学』の第一部から第三部をなすものといえる。他方後者の要素の方は、一種の科学方法論という形で結晶したのであり、これが『ポール・ロワイアル論理学』の第四部をなすのである。とはいえそうした二つの要素はともに近世的合理論と名づけられるにふさわしいのであって、そこにはキリスト教の区々たる党派性を越えた一種の普遍性が存するのであり、こうした超党派的性格が、『ポール・ロワイアル論理学』をして、各種のタイプの論理学間の競争に打勝たしめるに至ったということができるのである。

このように300年近くも栄えた『ポール・ロワイアル論理学』系のいわゆる近世論理学も、20世紀に入ってからは急速にその力を失い、新しく登場した現代論理学にとってかわられる。ところでこの現代論理学とは数学的論理学のことにほかならない。それゆえ、『ポール・ロワイアル論理学』の第四部をなす科学方法論の部分は、この新しい数学的論理学によって継承され、完成されたとみることもできる。というのもデカルトの夢はmathesis universalis（数学による普遍学）だったのであり、デカルト的方法といわれるものはそうした普遍学の構築のための方法だったといえるからである。

ところで他方『ポール・ロワイアル論理学』の第一部から第三部をなす観念の論理学の方は一見したところ、新しい現代論理学によって無用のものとなったように思われる。というのも一方において現代論理学は、それが記号論理学ともいわれるように、記号のレベルを扱う論理学であり、観念のレベルを問題としないからであり、他方において現代論理学は、単なる三段論法だけを扱うのではなく、もっと広くさまざまの論理的体系を扱うからである。

しかしながらよく考えてみれば、現代論理学は確かにきわめて有用ではあるが、それはあくまでも科学的世界での道具、コンピューター的思考の道具であって、完全に数学化されたり記号化されたりはしていない日常の言語的活動にとって有用なものとは必ずしもいえない。その意味で日常言語に比較的密接している近世論理学の意味がみなおされねばならないといえる。しかしその場合、もちろん、字面に引っぱりまわされるということがあってはならない。字面の深層をなしている論理構造をはっきりと把握していなければならない。そしてそうした意味で、『ポール・ロワイアル論

理学』の第一部から第三部に至る部分は、デカルト以来の mentalistic な立場に立ったチョムスキーの仕事によって継承され完成させられたということが可能なのである。

ベック. ―（Lewis White Beck ?）″Early German Philosophy″ 参照

（附）自然科学史ノート

# ①（附）自然科学史ノート

『科学史概説』P14.4　ギリシア科学の発展と終わり

アレクサンドリア時代

アレクサンダーの死　　B.C.323

ヘレニズム時代　　　　B.C.330-30　（プトレマイオス朝の滅亡）

　　　　　　　　　　　　　　　　　（ペルシアの滅亡）

　　　　　　　　　331　ガウガメラの戦　チィグリス川


文化的特色　　　材料　東洋的制度、慣習、

①ギリシア・オリエント　主体的にこなす　　両文化の融合の上に成立。

②個人主義、世界市民主義的（ポリスの崩壊）

③（個人の幸福、道徳の追求）

④現実の国家、政治に無関心、逃避的。


古典期より

①諸国家間の交流が盛ん

②個人主義的

③教育の普及

④神々の素朴な信仰を失う。


アレクサンドリア時代　　　　アリストテレス（384-322）

ユークリッド　（Ⅲヘロピロス、マネトン）

　　323-285　（330-270）


ムセイオンの主任教授（プラトンの影響（親交））

　定義、公理　公準　　アリストテレスを挙げて

　→系統的・組織的に命題を配列

　演繹法によって証明（プラトンの主義主張）

# ②幾何学

公準（要請）5つ　　『古代の数学』P.78（SMSG）

1　任意の点から点へ直線をひくこと

2　有限直線を延長して、一直線を作ること

3　任意の中心と半径をもつ円をかくこと

4　直角はすべて相等しい

5　2直線が1直線に交わっているとき、もしその同じ側にある内角の和が、2∠Rよりも小さいなら、2直線はこれらを延長すると必ず交わる。

特徴

1．図形の抽象化（点は部分をもたない）

2．論理的体系を重んじ、事実を直観によって、事実と、承認することを拒否

3．幾何学的な綜合的方法の重視

　　（算術的（解析的な考え方）を余りとらない）

有理数→〝図形〟に直す

無　〟

宗教的感化（アリストテレスの考え方）

線…直線と円

面　　平面、球面のみ

　　　〝真の〟〝実在〟と承認

円錐曲線までで他の曲線はあまり考えない。

# ③空間（ユークリッド）

点

"部分" とは "大きさ" とは何を意味するか、の吟味にかける。

5．平行線の公準

図1

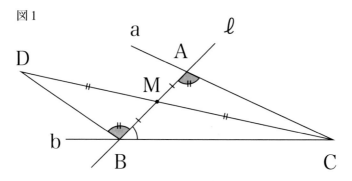

ab は点 C で交わっており、ℓ は、A、B で交わっているとする。

AB の中点 M、C と M を結び

$\triangle$ CAM $=\triangle$ DMB で

$\angle$ CAM $=\angle$ DBM

$\angle$ CAM $+\angle$ ABC

$=\angle$ DBM $+\angle$ ABC

$=\angle$ DBC $<2\angle$ R

もしこれらの2直線がある側で交わればその側にある内角の和は2直線より小。

逆（もし、同じ側にある内角の和が2∠R より小なら、これらの2直線の延長はその側で交わる」）　→　証明不可

⇒公準

☆何故、非ユークリッド幾何が出たか？

# ④アルキメデスの業績

◎ヘレニズム幾何学の特色
①アカデミア幾何が静学
　←→力学的立場で応用と実用に主眼。

アポロニウス（260-200B.C）
〝円錐曲線論〟で有名　　8巻

図2

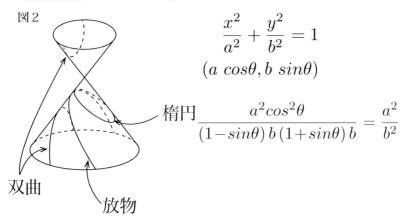

$$\frac{x^2}{a^2} + \frac{y^2}{b^2} = 1$$
$$(a\,cos\theta, b\,sin\theta)$$

楕円　$\dfrac{a^2 cos^2\theta}{(1-sin\theta)\,b\,(1+sin\theta)\,b} = \dfrac{a^2}{b^2}$

双曲

放物

　定理「円すい曲線の頂点 AA' その上の任意の点 P から AA' に下ろした垂線の足、M とすると、

図3

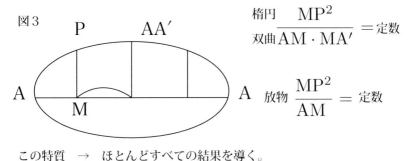

楕円　$\dfrac{MP^2}{AM \cdot MA'} =$ 定数
双曲

放物　$\dfrac{MP^2}{AM} =$ 定数

この特質　→　ほとんどすべての結果を導く。

⑤

立体倍積算問題と角の３等分問題

２つの長さの比例中項を求める作図

図4

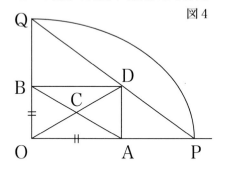

PDQ が一直線

$$\frac{OA}{BQ} = \frac{BQ}{AP} = \frac{AP}{DB}$$

図5

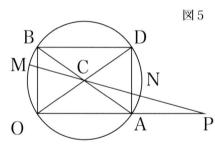

$$CM = CN = CO$$
$$OP \cdot AP = MP \cdot NP$$
$$= (MC + CP)(CP - CM)$$
$$= CP^2 - MC^2$$
$$= CP^2 - CO^2$$

同様に

$$OQ \cdot BQ = CQ^2 - CO^2$$

ここで $\quad CP = CR$

$$OP \cdot AP = OQ \cdot BQ$$

$$\therefore \frac{OP}{OQ} = \frac{BQ}{AP}$$

$$\frac{BD}{BQ} = \frac{OP}{OQ} = \frac{AP}{AD}$$

相似三角形で

$$\therefore \frac{OA}{BQ} = \frac{BQ}{AP} = \frac{AP}{DB}$$

# ⑥

◎アルキメデス（287‑212B.C.）シラクサ生まれ

ユークリッドの後継者 Conon に師事（アレクサンドリア大学）

→シラクサへ帰り永住。（フィティアス（天文学者）の子）

　ミラトステネスの友人

E.T. ベル・・・数学者　ニュートン・ガウス・アルキメデス　３人

①求積法（積分の萌芽）

図6

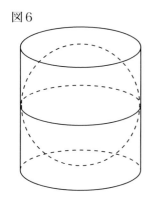

定理

「球は外接円柱の体積の$\dfrac{2}{3}$」

「球の表面積は、その大円の面積の４倍」

図7

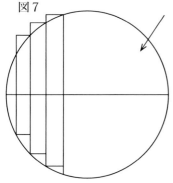

断片数を無数に増し、その面積和の極限をとることで、正確な円の面積を求める。

内接……正96辺形

外接……　　〃

近似値 $\dfrac{6336}{2017 \cdot \frac{1}{4}} < \pi < \dfrac{14688}{4673\frac{1}{2}}$

角の３等分法の発見

⑦

②放物線の求積

図8

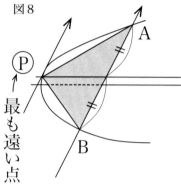

①実験
②幾何
当時 〝積尽法〟
‖
現代 〝極限〟
▲をとり去る・・・をくりかえす。
4つの部分・・・2つの内接△は等面
積で▲の$\dfrac{1}{8}$」

最も遠い点

$$\triangle + \dfrac{1}{4}\triangle$$

$$\lim_{n \to \infty} (\triangle + \dfrac{1}{4}\triangle + \dfrac{1}{4^2}\triangle + \cdots + \dfrac{1}{4^n}\triangle)$$

A，B，C・・・・・・・・・・・・・・，J，K，

$$B = \dfrac{1}{4}A \qquad C = \dfrac{1}{4}B$$

b，c，・・・・・・・・・・・・・・j，kを B，C，・・・・・・・J，Kの$\dfrac{1}{3}$の量

$$B = \dfrac{1}{4}A \qquad b = \dfrac{1}{3}B$$

$$B + b = \dfrac{1}{4}A + \dfrac{1}{3}B = \dfrac{1}{4}A + 1\dfrac{1}{B \cdot 4}A = \dfrac{1}{3}A$$

同様 $C + c = \dfrac{1}{3}B \cdots\cdots\cdots\cdots\cdots K + k = \dfrac{1}{3}J$

$$\therefore (B + C + \cdots\cdots\cdots + K) + \boxed{(b + c + d + \cdots\cdots + k)}$$

$$= \dfrac{1}{3}(A + B + \cdots\cdots\cdots + J)$$

⑧

$$(b + c + d + \cdots\cdots + k) = \frac{1}{3}(B + C + \cdots\cdots + J) + \frac{1}{3}K$$

ひく

$$(B + C + \cdots\cdots + K) = \frac{1}{3}A - \frac{1}{3}K$$

もとにもどして

$$\therefore \triangle + \frac{1}{4}\triangle + \frac{1}{4^2}\triangle + \cdots\cdots + \frac{1}{4^n}\triangle$$

$$= \frac{4}{3}\triangle - \frac{1}{3 \cdot 4^n}\triangle$$

$$\lim \frac{1}{3 \cdot \cdot 4^n} = 0$$

求める面積は $\frac{4}{3}\triangle$ 、よって $\triangle ABP$ の面積の $\frac{4}{3}$

⑨

③アルキメデスの螺線　（微分積分の萌芽）

$$r = ⓒ\theta$$
　　｜
　比例定数

図9

（プラトンの排斥したもの）

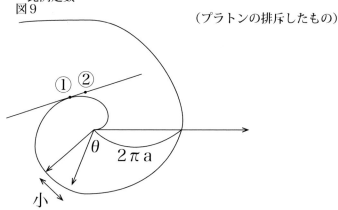

$\theta$　$2\pi a$

小

　ベクトルが原点の周りを回ると共にその回った角に比例してベクトルの長さが増大して描く軌跡

②面積

①$\dfrac{1}{2}r^2 d\theta < s < \dfrac{1}{2}(r\,d\,r)^2 d\theta$

①接線を求める

図10　　　　　　　　　　　　　　　　　彼の業績の根本原理

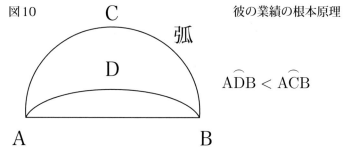

C
弧
D

$\overset{\frown}{ADB} < \overset{\frown}{ACB}$

A　　　　　　　　B

74

⑩

物理学

◎浮力についての業績 　　　<u>アルキメデスの原理</u>

図11

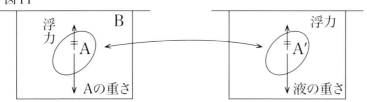

　◎流体内の物体に働く浮力の大きさは、物体の流体内の部分と同体積の流体の体積に等しい。

◎テコの原理　→　　　滑車　　→静力学
　　　　　　　　　　　　　　　　→静止流体にかんする学問
　　　　　　　　　　　　　　　　→流体静力学

図12

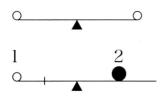

⑪

天文学者たち
アリスタルコス（310-250）

ターレス・・・1年　365日（360日でない）
　　　↓
アナクシマンドロス（B.C.610-547）
①　日時計　正午を知り
②　太陽の最高・低日→夏至、冬至
③　赤道と水平線との傾角
　　その差の半分によって赤道、黄道の傾きの発見
Anaxagovas(500-428)　Endoxus(409-356)
アリスタルコス（310-250B.C.）
図13

仮説　太陽が宇宙の中心で地球がその周りを回転。

$$\sin (A \pm B) = \sin A \ \cos B \pm \cos A \ \sin B$$
$$\cos (A \pm B) = \cos A \ \cos B \mp \sin A \ \sin B$$

年周視差

⑫

エラトステネス（B.C.275‐194）

4年目ごとに閏年　1年365日

黄道の傾斜度　　23°51′20″

地球の円周　252000スタジア（スタジウムの距離）

183.5m

46.240km　　15％大きい　　40077㎞

同一子午線と仮定

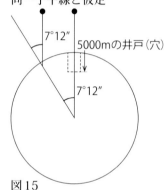

7°12″

5000mの井戸（穴）

7°12″

$$\frac{360}{7°12}=50$$

(他)　立体体積問題を解く機械

図15

ヒッパルコス（B.C.160‐100）　→　プトレマイオス

① 黄道と赤道の傾角　　　　　　　23°51′（23°46′が正）

② 歳・差（太陽や月・惑星の引力で地球自軸が変わり天球上・赤道・黄道の位置が変化）50″（50.2″　〃　）

③ 月の視差（2点から同一対象を見た方向差）57′（　〃　）

④ 太陽軌道の偏心率　　　$\frac{1}{24}$　　　（$\frac{1}{20}$　〃　）

図16

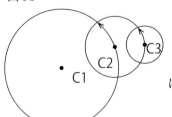

C1　C2　C3

エピサイクル（輪転曲線）

（各円の中心の描く軌跡）

　黄道：恒星の間を、太陽が年周運動の間

に通る見かけ上の道である。

⑬

ローマ支配下のギリシア科学

プトレマイオス（A.D. 2 c）

アルマゲスト（最大の書）　13 巻

1．　天動説をとるに至った過程

2．　太陽・月・日月食。さらに惑星（運動）現象

3．　地理学、三角関数表の完成

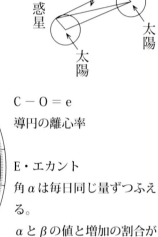

変化

惑星

太陽

太陽

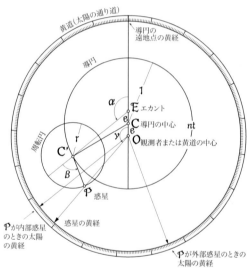

C － O ＝ e
導円の離心率

E・エカント
角 α は毎日同じ量ずつふえ
る。
α と β の値と増加の割合が
わかると、あたえられた日
時の α、β もわかる。

1　r. 周転円の半径が最後に求まる。

2　e. 導円の離心率

3　導円の遠地点の黄経

4、5　元期における α・β の値

6、7　α・β の増加の割合　→　r が求まる

| アノマリ |
　　　　　　　　　　　　　　↑
　　　　　　　　惑星の黄経

⑭

ギリシアの技術者

⑧ジオフォンタス（A.D. 3c 後半）"算術" 13 巻

定方程式 ←→ 不定方程式

$$\downarrow$$

$$\mathrm{A}x^2 + \mathrm{B}x + c = y^2$$

☆近似法　　　$$26 + \frac{1}{y^2} = \left(5 + \frac{1}{y}\right)^2 \qquad \therefore \frac{1}{y} = \frac{1}{10}$$

$$\uparrow$$

$$5^2 は 26 に近い \qquad \therefore \frac{1}{x^2} = \frac{1}{400}$$

$$\frac{\left(6\frac{1}{2} + \frac{1}{x^2}\right)}{\times \quad 4} は平方数$$

$$\therefore \quad 6\frac{1}{2} + \frac{1}{400} = \left(\frac{51}{20}\right)^2$$

⑨クテシビオス（B.C. 2c）　ギリシア数学者

アレクサンドリアの人　圧力ポンプ、消火器を発明

　　　　　　　　　　水時計、水圧オルガンを製作

⑩ヘロン（B.C.150 - A.D.250）

算術・・・二次方程式の解法。$^2\sqrt{\phantom{x}}$ $^3\sqrt{\phantom{x}}$ の近似値

　　　11 辺形までの正多角形、円、円錐、ピラミッド形の求積。

　　　ヘロンの3角公式、etc.

$$sin\frac{\mathrm{A}}{2} = \sqrt{\frac{(S-b)(S-c)}{bc}} \qquad cos\frac{\mathrm{A}}{2} = \sqrt{\frac{S(S-a)}{bc}}$$

$$2 sin\frac{\mathrm{A}}{2} cos\frac{\mathrm{A}}{2} = \frac{1}{6c}\sqrt{S(S-a)(S-b)(S-c)}$$

$$S = \frac{1}{2}bc \quad sin\mathrm{A} = \sqrt{S(S-a)(S-b)(S-c)}$$

5．ローマ人の科学
ローマ人と実用性
B.C.8c・・・ローマの建国
B.C.3c・・・南イタリアのギリシア人と接触

ギリシア人・・・理想主義
ローマ人・・・実用主義
①神々によってつくられた都市ローマ。秩序は神の加護による。

ルクレチウス（98B.C.-54A.D.）
エピクロス（B.C.4c）の後継者　←→キケロと並ぶ学者
　　↑
デモクリトスの原子論→エピクレス
この派、自然と歴史を神の干渉から解放しよう、としていた唯一の学派
の一員

詩「事物の自然について」　　6巻　歴史と科学を一緒にした物
宗教は、真の自然哲学を知らない者でもの間の思想の混乱の結果！
歴史は法則性に従うと意識している。

人間の技術によって自然に挑戦し、自然を改造しようとしなかった。自
然現象をより良く説明しようとはしなかった。

⑯

⑪アグリッパ（63-12 B.C.）　アウグストゥスの信任（アクチウムの海巣

地理書→「ストラボン」「プリニウス」が引用

⑭プリニウス（23-79A.D.）

「自然誌」　37 巻　　理科全書　　項目 2 万

ギリシア文化の特色　ローマ文化の特色

理想主義

①生活・・・ポリス社会で自由の獲保

②神が、絶対的な存在でなかった。人間性の理想（宗教面）

実用主義

①ヘレニズムの影響

ポリスが崩壊して、個人の生活中心主義

原理の追求よりも、技術的知識が重視される。

⑰

ユリウス暦

ローマ - 太陰太陽暦

西紀数で4でわれる→閏年

7　　July　←　Julius

8　August ←　Augustus


グレゴリオ暦　　　1年365.25でずれる。

　　　　　　　　　　365.2422日

グレゴリウス13世

100年でわりきれるもののうち、400でわりきれないもの

（1900）平年とする

0.0078　→　128年で①日

400年で……3日

⑱

ジオフォンタス

近似法　　13を2つの平方数にして、各々6以上にする。

$$13 \times \frac{1}{2} = 6\frac{1}{2} \qquad 10 \to 3\,\text{つ}、\ 30 \to 4\,\text{つ}$$

$6\frac{1}{2} + x^2$　は平方数とする$\to 26 + \dfrac{1}{y^2}$　は平方数

$\times 4$

$$26 + \frac{1}{y^2} = \left(5 + \frac{1}{y}\right)^2 \text{と仮定}$$

$$\frac{1}{y} = \frac{1}{10} \quad \text{ゆえに} \quad \frac{1}{x^2} = \frac{1}{400}$$

$$6\frac{1}{2} + \frac{1}{400} = \left(\frac{51}{20}\right)^2$$

$$13 = 3^2 + 2^2 \begin{cases} 3 > \frac{51}{20} & （差は\,9\,/\,20） \\[2mm] 2 < \frac{51}{20} & （\,''\quad 11\,/\,20） \end{cases}$$

$\left(3 - \dfrac{9}{20}\right)^2$　と　$\left(2 + \dfrac{11}{20}\right)^2$　の和

$$2 \cdot \left(\frac{51}{20}\right)^2 = \left(\frac{5202}{400}\right) \qquad \left(x\,\text{は}\,\frac{1}{20}\,\text{に近い}\right)$$

$$(3 - 9x)^2 + (2 + 11x)^2 = 13$$

$$\therefore \ x = \frac{5}{101}$$

$\dfrac{258}{101}$　または　$\dfrac{257}{101}$

ヒッパルコス

図20

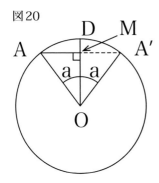

$$\frac{AD}{OA} = sinA$$

赤道の$27\frac{1}{3}^{\circ}$北にある星は

プトレマイオス

図21

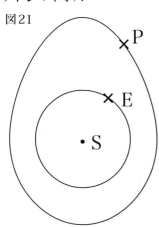

S （Sun）

E （Earth）

P （Planet）

⑳

ヘロンの蒸気エンジン（汽力球）

図22

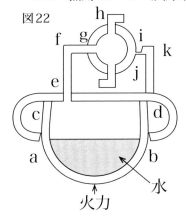

abcd
→ efg →球
→かき状部分

火力

水

ホドメーター（賃金表示表）ヘロン

路程表

図23

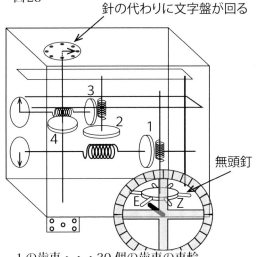

針の代わりに文字盤が回る

大車輪1回転
　→ EZの8本ピンの1つ
を推し進める

無頭釘

1の歯車・・・30個の歯車の車輪

$8 \times 30 = 240$ 回転　→　第2の無端ねじ1回転

次の車輪　$240 \times 30$　　車輪………15キリシアフート

$7200 \times 15 = 10$ 万 8000 フート（32.4km）

㉑

ローマのウィトルウィウス（アウグストウス　B.C.63‐A.D.14）改良型
クテシビオスの水時計

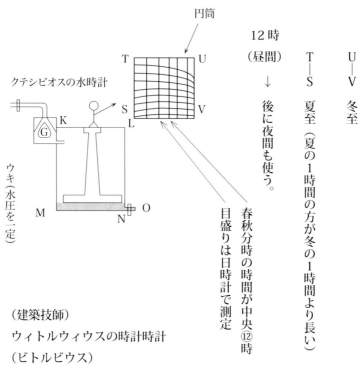

円筒

クテシビオスの水時計

ウキ（水圧を一定）

12 時
（昼間）
↓
後に夜間も使う。

目盛りは日時計で測定
春秋分時の時間が中央⑫時

T―S　　U―V
夏至　　　冬至
（夏の１時間の方が冬の１時間より長い）

（建築技師）
ウィトルウィウスの時計時計
（ビトルビウス）

図24

（季節によって調節された水を上方からうける）

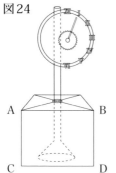

日時計
☆自分の影の長さを歩測しておよその時刻を定める。
※図 25

12の時間点

㉓

P31

・実際的な論著の増大

　　　　　　　　　　　　　　　　　ペトルス・アベラルトウス

・哲学的な見解の変化

・アラビア人との接触を通してギリシア時代の著作が再発見された。


（ｉ）

北東スペイン　　アデラード「自然の諸問題」

ペドロ・アルフォンソ　　　ウォルケ・チャー

「天文表」

　アブラハム・バルビヤ

　デヴォリのプラトン「四部書」

カリンティアのヘルマン

チュルクーのロバート


（2）トレド

　ライムンドウス1世

　ドミンゴ・グンティサルド

クレモナのジェラルド


（3）シチリア

　ヘンリクス・アリスプティス

　パレルモのエウゲニオス

　　　アラビア→ラテン


（4）イタリア（ベニス　etc.）

ジャコモ

㉔

①天文学　　　　　　　　アルフリーリズミー　「天文表」

　　　　　　　　　　　　アル・ペドラギウス　「天文書」


②医学　　　　　ラーズィー　「医学府書」　　アヴィケンナ「医学規範」

　　　　　　　　　　モーゼス・ファラモ　　　　　クレモナのヘラルド

　　　　　　　　　　　　　　　　　　　　↙　（トレド）

③光学　　　　　アルギンディー（シシリー）「映像について」

　　　　　　　　アルハゼン「視覚論」


④数学　　　　　アルクワリズミー　「方程式計算法概要」

　　　　　　　　　　　　　　　　　「代数学」


⑤錬金術

　（占星術）

ヨルダヌスの静力学　13c

（サクソニア？）

アリストテレス　機械学　→　仮想変位

アルキメデス　　平面のつり合い

「重さの証明に関するヨルダヌスの原論」

「ヨルダヌスの原理」

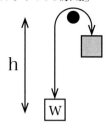

$$\boxed{w \times n} \times \frac{h}{n}$$

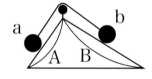

おもり：おもり

ⓐ：ⓑ　＝　B：A

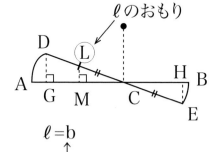

ℓのおもり

ℓ＝b
↑
おもり

「BC：AC＝ⓐ：b」　重さ

△EcH　∽　△DGC

EH：DG＝CE：CD＝BC：

AC＝a：b

△LMC　≡　△CEH

EH＝LM

a：ℓ＝a：b＝EH：DG＝<u>LM：DG</u>

ℓをaのn倍　　LMはDGの$\frac{1}{n}$倍

㉖

グローステスト　（1175-1253）　（ロジャー＝ベーコンの師）
数学的な合理性
実験的な実証性

真偽の検証

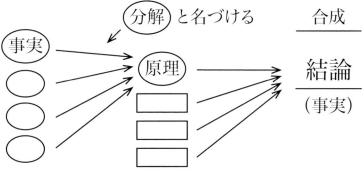

㉗

オックスフォード学派　　　　　数学的
　　　　　　　　　　　　　　　定式化
トマスブラッド・ワーディン（1290-1349）
リチャード・スワイズヘッド
タンブルトンのジョン
ウォルター＝バーリ


パリ学派　　　　　　　　　　　実証性
ジャン・ビュリダン　　　1358没
サクソニアのアルベルト（1316-90）
インゲンのマルシウス（1396没）
ニコルオレム（1382死）


　ブラッド＝ワーディン
否
定　④　「すべての運動は抵抗に抗して動く力の連続的作用の
　　　　　　結果として生じる」

①アヴィケンパー
　　　速度：V
　　　抵抗：R
　　　動力：P
　　　　V ＝ k（P － R）
②アヴェロエス　「自然学」注釈

$$V = k\frac{(P － R)}{P}$$

㉘

③「自然学」

$$V = k\frac{P}{R} \begin{matrix}\leftarrow 力積 \\ \leftarrow 質量\end{matrix} \quad\longrightarrow\quad \left(\frac{P}{R} > 1,\ = 1,\ < 1\right)$$

④定式化そのものを否定

ワーディン

$$V = \log\left(\frac{P}{R}\right)^{n}$$

冪<sub>べき</sub>乗
＝次乗、3乗

アラビア科学

<u>イルム</u>・アル・<u>カラーム</u>　　（言語学）
　学　問　　　　文　法

7C. 後半

○神性

　人性……ネストリウス派

　　　　　　　　⑤c

バグダットの東……ジュンディ・シャープール

シリア・ヘレニズム


単性論（神性）

セルギオス　　医学


8C. アラビア・ルネサンス


ウマイア朝　→　アッバース朝　　　伊東俊太郎

フナイン・イブン・イスハーク　810-877

③イスハーク・イブン・フナイン

バクティアシュー　「知恵の館」


「ガレノス医術入門」

　<u>バタームーサー</u>（3人兄弟）

　　トレビタチオの説　「春分点と秋分点」

　　　　　　　　8－9　　天球

（サービット・イブン・クッラ）をつれてくる

㉚

「科学の鍵」

外来 アル・フワーリズミー（10C）

哲学、論理学、医、算術、幾何学、天文学、音、錬金術、機械

固有 法、神、文、秘書、韻律学、詩、史

| シリア・ヘレニズム期 | 5c〜7c | シュンディ・シャプール |
|---|---|---|
| アッバース朝 | 8c〜9c | バグタント（カイロ、コルドバ） |
| 全イスラム期 | 10c〜11c | 〃 ↓ |
| 西ウマイア・モンゴル | 12c〜13c | コルドバ、サマルカンド |

0の発見

A.D. 4、5、6？

一切空 → 0

神聖数字　ゴバル数字　現在、アラビア数字

㉛

ブラフ・マクプタ　　２次方程式

アル・フワリズミー　（850没）

　　　↓

アルゴリズム（計算法）　　　　アルジャブル→ algebra
　　　　　　　フワーリズム

「ジャブルとムカーバラの書」
　（移項）（同数項をまとめること）

　　　　　　→マール
$ax^2$ ＝$bx$　→　ジャドワル
$ax^2$ ＝$c$　→　ディルハム
$bx = c$
$ax^2 + bx = c$
$ax^2 + c = bx$
$bx + c = ax^2$

① $x^2 + 10x - 39 = 0$

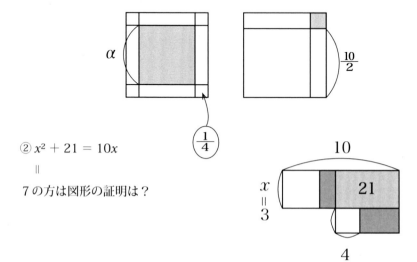

② $x^2 + 21 = 10x$

　＝

7の方は図形の証明は？

$$3x + 4 = x^2$$

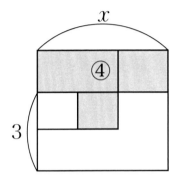

アブル・クファー　（940-997）……アルマゲスト

ウマ・ル・アル・ハイヤーミー　　　　ジャラーリー太陽暦
　　　　　（1040-1131）

$(x^3 + ax^2)$

$x^2 + 10x = 39$

$$\underline{HA \cdot AD + DZ^2 = ZA^2}$$

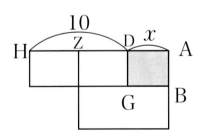

㉝

整数論

有愛数

220    284    $= 2^2 \times 71$

約数の和がひとしい

$2 \times 2 \times 5 \times 11$

$1 + 2 + 4 + 5 + 10 + 11 + 20 + 22 + 44 + 55 + 110 = 248$

$1 + 2 + 4 + 71 + 142 =$

$$\begin{cases} P = 3 \cdot 2^n - 1 \\ q = 3 \cdot 2^{n-1} - 1 \\ r = 9 \cdot 2^{2n-1} - 1 \end{cases}$$

$(2^n pq, 2^n r)$

完全数        $6 = 2 \times 3$

$3 + 2 + 1 = 6$

$28$

$\underset{\text{素数}}{P = 2^n - 1}$ , $\underset{\text{完全数}}{N = 2^{n-1} \cdot P}$

98

三角法

インド　正弦　　「シヴァ」

｜

シヌス

｜

サイン

余弦

イブン・ユータス（1009 没）

$$cos\,a\,cos\,b = \frac{1}{2}\left\{cos\,(a+b) + cos\,(a-b)\right\}$$

アル・ハーゼン（965 - 1038）

光学

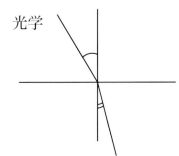

$$\theta_1 \fallingdotseq sin\theta_1$$

$$\theta_2 \fallingdotseq sin\theta_2$$

$$\frac{sin\theta_1}{sin\theta_2} = C\ (一定) = \frac{\nu_2}{\nu_1}$$

17c　　$\left\{\begin{array}{l}スネル\\デカルト\end{array}\right.$

「薄明の書」「光学宝典」

㉟

医学
「バクティアシュー家」
「アッラーズィー」（865-912）化学者でもある
「アル・ハーウィ」＝医学体系
「イブン・シーナ」アビィケンナ（985-1036）
↓
アル＝カーマーン、フィツーライツブ　医学規範
アブル・ムサン、アリー・イブン・アン・ナフィース（1208-1288）

錬金術
アル・キーミヤー
（ケメイア）
ジャービル・イブン・ハイヤーン（721-815）「金属変化指導大全」
　（ゲーベル）
　　硫黄、水銀　　　　硝酸

コペルニクス

第3章　　新時代の科学

  1　コペルニクス

    1512「短い解説」（コシメンタリオス）

    1540「最初の談話」

      （ナラティオ・プリマ）

    1543「天体の回転について」

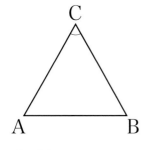

ケプラー

$\nu = \dfrac{1}{\sqrt{r}}$　を　$\dfrac{1}{r}$　とまちがえた。

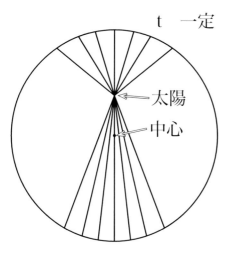

t　一定

$\triangle S = \dfrac{1}{2}\pi r^2 \theta$

$\theta = \propto \dfrac{1}{r^2}$　　　一定

$\triangle t = \dfrac{\theta}{\nu}$

$\propto r$

$\nu = \propto \dfrac{1}{r}$

$\nu \Delta t \propto \dfrac{1}{r}$

$\theta = \dfrac{\nu \Delta t}{r} \propto \dfrac{1}{r^2}$ （一定）

$S = \dfrac{1}{2}r^2 \theta$

㊲

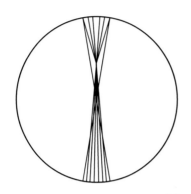

$$R = 1 + \ell \cos \beta$$

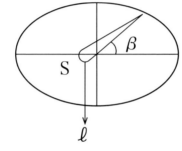

$$R = a( 1 - \ell^2 )$$
$$\downarrow$$
$$近似的$$
$$( 1 + \ell ) \cos \theta )$$
$$\downarrow$$
$$(が小さい)$$

Ⅲ $\quad T^2 = kr^3$

$\quad\quad F^2 = mr\omega^2$

$$= mr \cdot \left( \frac{2\pi}{T}^2 \right)$$

$$= mr \cdot \frac{4\pi^2}{T^2} = mr \cdot \frac{4\pi^2}{kr^3} = \frac{4\pi^2}{k} \cdot \frac{m}{r^2}$$

$$\overset{\displaystyle}{\quad\quad\quad\quad\quad\quad\quad\quad\quad\quad\quad\quad} C$$

ガリレオ・ガリレイ

Impetus（説）

Philoponus（6c）

J・Buridun（12c. パリ大学）

㊳

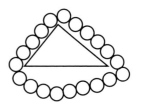

ステヴィン（オランダ）　静力学
カルダーノ　　　　　　機械論
ブルーノ　　　　　　　汎神論


Maricourt（13）


R.Norman　　　（伏角）
Gilbert　　　　（ギルバート）
　　　　　　　　「The Newe Attractive」　1581


「科学革命」　トーマス・フン


1564　　　　　生（ピサ）
81　　　　　　ピサ大学
84　　　　　　フィレンツェ　リッチ師（アルキメデス数学）
85 〜 87　　　「流体静力学、はかり」
　　　　　　　「固体の重心について」
1590　　　　　「運動について」
97 〜 98　　　「機械学」　力のモーメント仕事の原理
97　　　　　　「ケプラーと文通を始める」
1604　　　　　「加速運動について」自然落下法則
1609　　　　　望遠鏡
1610　　　　　1/7、木星の衛星　「異界の報告」
　　　　　　　（Sideveus Nuncius）

㊴

10／23

1613　「太陽黒点に関する手紙」
1615　告発
1618　30年戦争　　3彗星
1619
1623　「黄金計量者」　第1性質
　　　　　　　　　　　　　第2性質


1630　　　　「天文対話」　ザグレド
　　　　　　　　　　　　　サルヴィアチー……コペルニクス
　　　　　　　　　　　　　シンプリチオ……アリストテレス

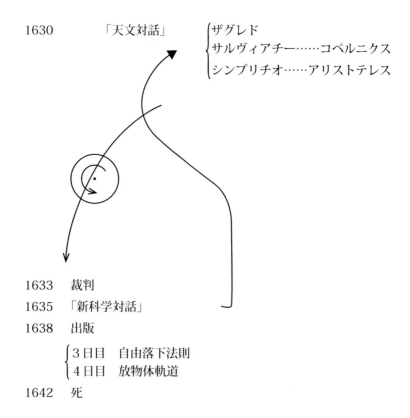

1633　裁判
1635　「新科学対話」
1638　出版

　　　　3日目　自由落下法則
　　　　4日目　放物体軌道
1642　死

⑩

10／30

イドラ論（フランシス＝ベーコン）

↓

4要素
- 種属のイドラ　etc.
- どうくつ（洞窟）のイドラ
- 市場のイドラ
- 劇場のイドラ

デカルト
- 「世界論」（1629‐33）
- 「方法叙説」

| 15章 | 第1元素 | 火の元素 | 太陽、恒星 | 小 |
|------|---------|---------|-----------|-----|
| エーテル | ←2 〃 | 気の元素 | 天空 |  |
|  | 3 〃 |  | 遊星、彗星 | 大 |

「哲学原理」

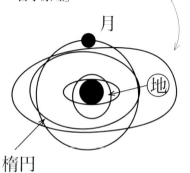

月

地

楕円

◎潮の干満　（渦動論）

☆大潮も説明できる

11／6

「哲学原理」

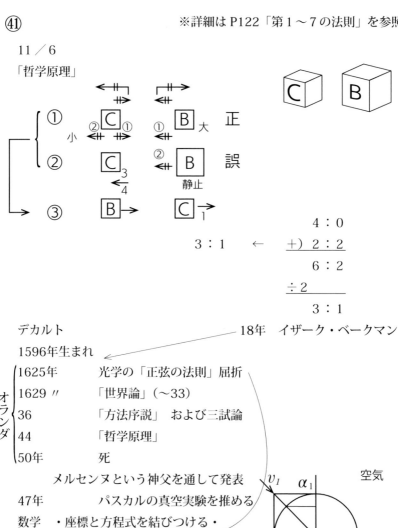

① ② C ① ① B 大　正
小

② C₃ ② B 誤
4 静止

③ B→ C→₁

```
                        4：0
    3：1    ←    ＋）2：2
                        6：2
                ÷2
                        3：1
```

デカルト　　　　　　　　　　18年　イザーク・ベークマン
1596年生まれ

オランダ{
1625年　　　光学の「正弦の法則」屈折
1629 〃　　　「世界論」（～33）
36　　　　　「方法序説」　および三試論
44　　　　　「哲学原理」
50年　　　　死
}

メルセンヌという神父を通して発表
47年　　　　　パスカルの真空実験を推める
数学　・座標と方程式を結びつける・

$$\frac{\nu_2}{\nu_1} = \frac{\sin \alpha_1}{\sin \alpha_2}$$

（デカルトまちがい）

空気

$v_1$　$\alpha_1$

$\alpha_2$　水

$v_2$
（速くなる
と考える）

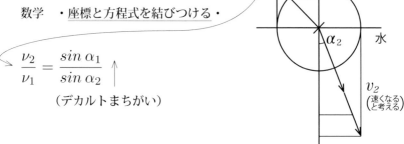

㊷

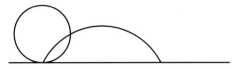

ホイヘンス<ruby>（Huygens）<rt>ハイゲンス</rt></ruby>

66年　フランス科学アカデミー

81

55年　　土星の環、<ruby>衛星<rt>タイタン</rt></ruby>

56 〃　　オリオン星雲、振り子時計

58年　　「時計」

73年　　「振り子時計」（※サイクロイドなら時間一定）

78年　　「ホイヘンスの原理」「光に関する論述」

90年　　「重力の原因についての原理」　87　プリニキピア

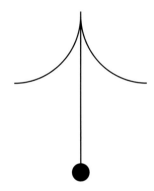

㊸

11／13

<u>ホイヘンス</u>

重力の加速度＝ $\dfrac{（粒子の速度）^2}{回転半径}$ → 7.9km/sec

9.8m／S²

$\dfrac{2万km}{\pi}$

3.2 × 3.14

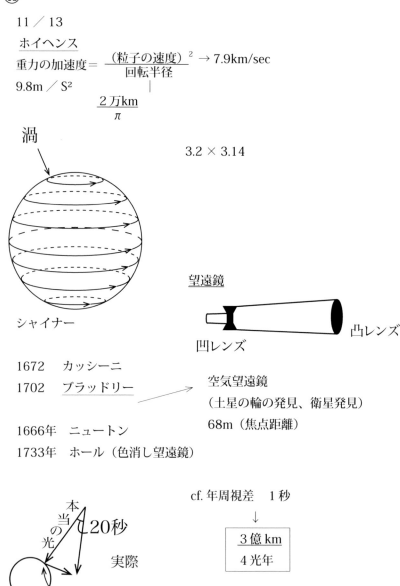

渦

シャイナー

望遠鏡

凹レンズ　　凸レンズ

1672　　カッシーニ

1702　　<u>ブラッドリー</u>

空気望遠鏡
（土星の輪の発見、衛星発見）
68m（焦点距離）

1666年　ニュートン

1733年　ホール（色消し望遠鏡）

本当の光　20秒

実際

地球　　北極付近

cf. 年周視差　1秒
↓
3億km
4光年

㊹

科学器械

ガリレオの温度計

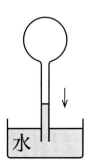

熱　　　　　　デカルト

　　　　　　　ボイル　　　　微粒子説

　　　　　　　フック

ロモノーソフ　　微粒子の運動　　　くりぬく

クリスティアン・ヴォルフ　　　　　　↓

ベンジャミン・トンプソン　　　→　　　（大砲）で証明

（1753-1814）

1799年　　　ディリー（英）

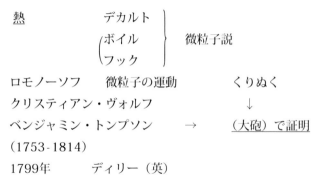

回転（まわす）

氷　　　　　水（比熱が氷より大きい）

真空ポンプ　　1654年　　マグデブルクの半球実験

ベサリュース　「人体解剖について」　1543

　　　　　　　　ファブリカ

　　　　　　　　（ガレノス批判）

㊺

11／20

1656　　　　「無限算法」（ロンドン王立協会）

◎　ジョン・ウォーリス

① $\displaystyle\int_0^\alpha x^n dx = \frac{1}{n+1}a^{n+1}$

円と外接正方形の面積比 $= 1 : \Box = 4 : \pi$

$$\Box = \frac{4}{\pi} = \frac{3\cdot3\cdot5\cdot5\cdot7\cdot7\cdot\cdots\cdot\cdots}{2\cdot4\cdot4\cdot6\cdot6\cdot8\cdot8\cdot\cdots\cdot}$$

◎ボイル　「懐疑的な科学者」

　　　元素に関する問題点

「科学的化学」…………沈殿実験

ニュートン　　　　1642，12月25日（1643．1．4）

1655 Grantham 王立学校
$\overset{\text{グランタン}}{\phantom{Grantham}}$

　　　clark

1658　　ウィルストプ

1660

1661　　Trinity,College

1663　　ルーカス講座　I.Barrow

1664　　スカラー

1665　　ペスト流行　Woolsthorpe

1667.3.10　minor fellow

1668　　senior fellow, 10. Master of Arts

1669　　ルーカス教授　光学講座

㊻

流率法　　　　変数、流量　　fluent

　　　　　　　導関数、流率　fluxion

1671　　反射望遠鏡

　72　　王立学会会長　「光と色の新理論」

　87　　Principia 出版

　89〜90　London

　92〜93　精神錯乱

　96　　造幣局監事

1703　　王立協会々長

　05　　knight

　06　　「光学」（初版）


12/11

　古代

　　　視覚論　opticks


アリストテレス

中世　アル・ハーゼン「光学」

　　　目の構造（光は物体よりくる）

　　　反射（鏡）

　　　屈折（入射と反射は同一平面）

ロジャー＝ベーコン（鏡の焦点について）


近世　ケプラー（17C 初）①＝ aR ＋ b

　　　　　　　　　　　↑入射角

　　　全反射を発見

スネル（17C 前半）　屈折の法則

$$BD : BC = k \text{（一定）}$$

$$= \frac{BE}{BC} : \frac{BE}{BD} \text{（余弦）}$$

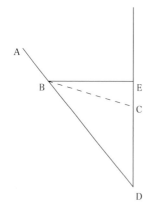

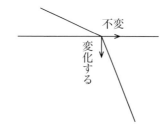

不変

変化する

・デカルト　光速は無限に大きい。

・ガリレイ　光は有限

カンテラ　　　　　　　鏡

A ⟵⟵⟵⟵ B

レーメル（Roemer オランダ人？）1675

木星の衛星の"蝕"　　　　空中の音の 60 万倍

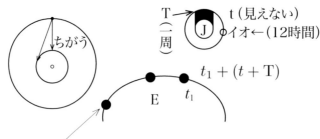

T → t（見えない）

（一周）J イオ ←（12 時間）

ちがう

$t_1 + (t + T)$

E　$t_1$

約 $t_1 + nT + t$ ＋地球の公転に要した時間

㊽

グラッドレー（18C 前半）　　光行差

望遠鏡

1663　　　　　J・グレゴリー　反射望遠鏡

（1618-63）　グリマルディー　バルトリン（複屈折）1670

1665　　　　　回折について　　　　　　　　↑

　　　　　　　　　　　　　　　　（氷洲石を利用）

1665　　　　　ミクログラフィア（フック）

1678　　　　　ホイヘンス（光についての論述）

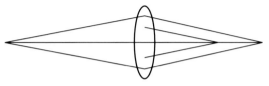

色の周差による

「光学」1704　　　　　光と色の新理論

　　　フック・ボイル　→　白と黒の混合

○光は単純光であるか、あるいは単純光の複合か。

○単純光はそれぞれ固有の色と屈折率をもち、この単純光の色及び屈折に関する性質は、反射・屈折またはその他いかなる方法によるも変えることは出来ない。

⑭

①と同じことをくりかえ（又プリズムをおく）しても色は同じ。

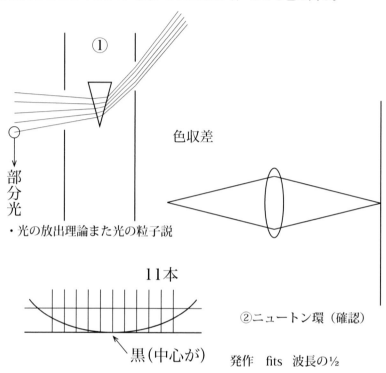

①

色収差

部分光

・光の放出理論また光の粒子説

11本

黒(中心が)

②ニュートン環（確認）

発作　fits　波長の½

「プリンシピア」　ニュートン

　　序文

　　定義

　　公理　　運動の法則

　　第一編　物体の運動　第Ⅰ～ⅩⅣ
　　第二編　抵抗を及ぼす媒質内での運動（Ⅰ～Ⅸ章）
　　第三編　世界体系

　　　　・哲学における推理の規則
　　　　・現象（天体の運動）
　　　　・命題（惑星間の運動）

㊿

Kepler の惑星の運動に関しての経験法則

１）惑星は太陽を１つの焦点とする楕円軌道を運動する。

２）太陽から一つの惑星にひいた動径ベクトルは等しい時間内に常に等しい面積を通過する。

３）軌道の長半径の３乗は周期の２乗に比例する。

ニュートンの "万有引力の法則"

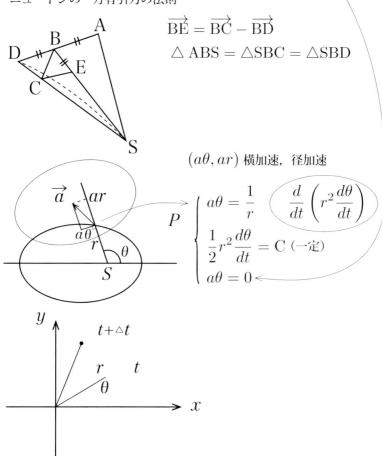

$$\overrightarrow{BE} = \overrightarrow{BC} - \overrightarrow{BD}$$
$$\triangle ABS = \triangle SBC = \triangle SBD$$

$(a\theta, ar)$ 横加速, 径加速

$$P \begin{cases} a\theta = \dfrac{1}{r} \left( \dfrac{d}{dt} \left( r^2 \dfrac{d\theta}{dt} \right) \right) \\[2mm] \dfrac{1}{2} r^2 \dfrac{d\theta}{dt} = C \ (一定) \\[2mm] a\theta = 0 \end{cases}$$

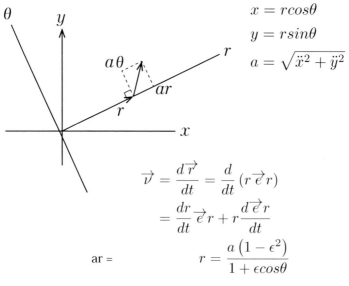

$$x = r\cos\theta$$
$$y = r\sin\theta$$
$$a = \sqrt{\ddot{x}^2 + \ddot{y}^2}$$

$$\vec{\nu} = \frac{d\vec{r}}{dt} = \frac{d}{dt}\left(r\,\vec{e}\,r\right)$$

$$= \frac{dr}{dt}\,\vec{e}\,r + r\frac{d\vec{e}\,r}{dt}$$

ar =

$$r = \frac{a\left(1 - \epsilon^2\right)}{1 + \epsilon\cos\theta}$$

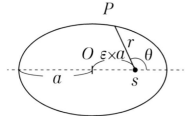

長径＝ a

短径＝ b

$$\epsilon = \sqrt{1 - \left(\frac{b}{a}\right)^2}$$

面積：$\pi a^2 \cdot \sqrt{1 - \epsilon^2}$

周期＝ T

平均面積速度：$\pi a^2 \cdot \sqrt{1 - \epsilon^2} \,/\, \mathrm{T}$

$$\frac{d\theta}{dt} = \frac{2\pi a^2 \sqrt{1 - \epsilon^2}}{\mathrm{T}r^2}$$

$$\boxed{ar = \frac{d^2 r}{dt^2} - r\left(\frac{d\theta}{dt}\right)^2}$$

$$\frac{dr}{dt} = \frac{dr}{d\theta}\cdot\frac{d\theta}{dt} = \frac{2\pi a^2\sqrt{1 - \epsilon^2}}{\mathrm{T}r^2}\cdot\frac{dr}{d\theta} = \frac{2\pi a^2\sqrt{1 - \epsilon^2}}{\mathrm{T}}\cdot\frac{d}{d\theta}\left(\frac{1}{r}\right)$$

$$\frac{d^2r}{dt^2} = \frac{d}{dt}\left(\frac{dr}{dt}\right) \cdot \frac{d\theta}{dt}$$

$$= -\frac{4\pi^2 a^4 \left(1-\epsilon^2\right)}{\mathrm{T}^2 r^2} \cdot \frac{d^2}{d\theta^2}\left(\frac{1}{r}\right)$$

$$= -\frac{4\pi^2 a^3}{\mathrm{T}^2 r^2} \cdot \frac{d^2}{d\theta^2}\left(1+\epsilon cos\theta\right)$$

$$= \frac{4\pi^2 a^3}{\mathrm{T}^2 r^2} \cdot \epsilon cos\theta$$

$$= \frac{4a^2 a^3}{\mathrm{T}^2 r^2}\left(\frac{a\left(1-\epsilon^2\right)}{r}-1\right)$$

$$r\left(\frac{d\theta}{dt}\right)^2 = \frac{4\pi^2 a^4 \left(1-\epsilon^2\right)}{\mathrm{T}^2 r^2}$$

$$ar = -\left(\frac{4\pi^2 a^3}{\mathrm{T}^2}\right) \cdot \frac{1}{r^2}$$

㊳

Kepler $a^3 \propto T^2$

$$\frac{4\pi^2 a^3}{T^2} = Ks \quad \text{とおくと、}$$

$$ar = -\frac{Ks}{r^2}$$

$$\underset{(\text{求心力0})}{\alpha} = \frac{\nu^2}{R} = \frac{(2\pi R/T)^2}{R}$$

$$= \frac{4\pi^2 R}{T^2}$$

T = 273 日 = $2.36 \times 10^8$ (sec)

R = $3.84 \times 10^8$ (m)

$$\frac{\alpha}{g} = \frac{1}{3600} \Longleftarrow$$

$R_E$ ＝地球半径＝ $6.37 \times 10^6$ m

$(RE/R)^2 \fallingdotseq 1/3600$

$\underset{\text{加速度}}{\textcircled{a}}(r) = \underset{\begin{smallmatrix}\text{地球の重}\\\text{力に関係}\end{smallmatrix}}{\textcircled{K}_E} / r^2$

$\begin{pmatrix}\text{地球から}\\ r\text{の距離}\end{pmatrix}$

地球の半径

$1 / 22$

$$mA = \frac{F_{AE}(r)}{a(r)} = \frac{W_A(r)}{a(r)} = \frac{F_{AE}(R_E)}{a(R_E)}$$

物体Aの慣性質量

$$= \frac{W_A(R_E)}{g}$$

(手)

$a(r) = K_E/R^2$

A ● $W_A(r) = F_{AE}(r)$

r

㊴

（重力質量）

重力質量 $\qquad m_A = \dfrac{W_A\left(R_E\right)}{g}$

$a\left(r\right) = \dfrac{K_E}{r^2}$

$F_{EA} = \dfrac{K_A m_E}{r^2} \qquad\qquad F_{AE} = F_{EA} \qquad\qquad \dfrac{k_E}{m_E} = \dfrac{k_A}{m_A} = \mathrm{G}$

$K_E = G_{mE} \qquad\qquad\qquad F_{AE} = F_{EA} = \dfrac{G m_A \cdot \bar{m} E}{r^2}$

$K_A = G_{mA}$

$$F = \dfrac{G m \cdot m'}{r^2}$$

$\mathrm{G} = 6.670 \times 10^{-11} \qquad \mathrm{Nm}^2 \diagup \mathrm{Kg}^2 \qquad \leftarrow$ 1798年　鉛

（Cavendish）が求める

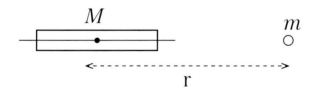

⑤⑤

非ユークリッド幾何学の出発点

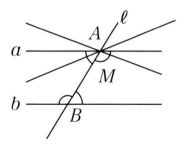

◎2直角→a//b

何故ならば、Mを中心にこの図を
2∠Rだけ回転すると、AはBに重な
り、点BはAに重なり、
a→b、b→a

従ってもし、a、bの延長がどちらかで交わると、その反対側でも交わる
→ 2点を通って2本の直線 → 不合理

◎今、点Aとそれを通らない直線bを、その上の1点Bが与えられてい
るとして、AとBを結ぶ直線ℓ、このとき、点Aを通り、その同じ側に出

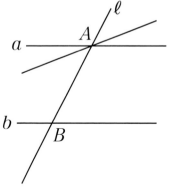

来る内角の和が2∠Rになるように直線a
をひくと、aとbは交わらない。

Aを通るa以外の直線をひくと、その
同じ側にある内角の和はどちらかが2∠R
より小。

よって、ユークリッドの第5公準を認め
ることは、

〝一直線外の1点を通ってこの直線と交わらない直線は、−平行線−は1
本で1本に限る〟ことを承認 → 〝平行線の公理〟

第5公準を認めずに、〝証明〟不可能 → 証明できなことの証左、証拠
として〝非ユークリッド幾何〟

公理系の3性質（古代数学　P80）

1　完全性

2　無矛盾性

3　独立性　→　非ユークリッド幾何

最初の4つ公準は平行線定理とも、またその否定とも両立する　→　ユークリッドの公理系の独立性が立証される。

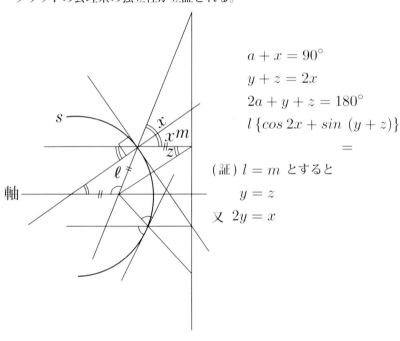

$a + x = 90°$

$y + z = 2x$

$2a + y + z = 180°$

$l \{ cos\, 2x + sin\, (y + z) \}$
$$=$$

( 証 ) $l = m$ とすると

$y = z$

又　$2y = x$

## 『哲学の原理』引用文

　各物体の運動が他の物体との衝突によってどれだけ変化するかは、どうすれば確定することができるか、ということ。それは以下の諸規則によって確定しうる、ということ。

　**46　第一の規則**
　第一に、(第6図参照)これら二つの物体、たとえばBとCとが、大きさにおいてまったく等しく、等しい速さで運動するとし、ただし、Bは右から左へ、Cはそれと正反対に、左から右へ運動するとすれば、互いにぶつかりあった場合、両者は反転し、以後Bは右、Cは左へ運動しつづけ、いずれも、もとの速さを全然失わないであろう。

　**47　第二の規則**
　第二に、BがCよりわずかでも大きくて、その他の点はもとのままだとすると、Cだけが反転し、いずれも左へ向かって、同じ速さで運動することになるであろう。

　**48　第三の規則**
　第三に、両者が大きさにおいては等しいが、BのほうがCよりもわずかでも速く運動するとすれば、両者とも左へ向かって運動しつづけるだけでなく、BがCより超過している速度の半分が、BからCに移ることになるであろう。すなわち、最初Bには六の速度があり、Cには四の速度しかなかったとすると、互いに衝突したのちには、おのおの五の速度で、左のほうへ向かうことになるであろう。

　**49　第四の規則**
　第四に、物体Cがまったく静止しており、Bよりもいくらか大きいとすると、BはCに向かってどれほどの速さで運動しても、Cを動かすことができないで、Cによって反対方向にはね返されることになるであろう。なぜなら、静止している物体は、小さい速さに対してよりも大きい速さに対してのほうが抵抗を増す、しかも両者の大きさの差に比例して抵抗を増すものであり、したがって、Cにおける抵抗力はBにおける推進力よりもつねに大きいのだからである。

　**50　第五の規則**
　第五に、静止している物体CがBより小さいとすると、BがCに向かってどれほど遅く運動するとしても、Bは自分とともにCをも動かし、しかも自分の運動

の若干部分をＣに伝えて、そののちは両者とも、等しい速さで運動することになるであろう。すなわち、ＢがＣの二倍の大きさであるとすると、Ｂは自分の運動の三分の一をＣに伝えることになるであろう。なぜなら、この三分の一が物体Ｃを動かす速さと、残りの三分の二が、二倍の大きさの物体Ｂを動かす速さとは、等しくなるのだからである。こうしてＢは、Ｃと衝突したのちは、以前よりも三分の一だけ遅く運動することになる。いいかえれば、二フィートの空間を運動するのに、以前三フィートの空間を運動したときに要したと同じだけの時間を要することになる。同じように、ＢがＣの三倍の大きさであるとすると、自分の運動の四分の一を伝えることになるであろうし、他の場合についても同様である。

51　第六の規則

　第六に、静止している物体Ｃが、Ｃに向かって運動する物体Ｂと、正確に等しいとすると、ＣはＢによっておされもし、Ｂを反対方向にはね返しもすることになるであろう。すなわち、ＢがＣに向かって四の速度でやってきたとすると、Ｂは、一の速度をＣに伝え、残りの三の速度で、逆方向に向かって反転することになるであろう。

52　第七の規則

　最後に、ＢとＣとが同じ方向に運動し、Ｃは遅いが、これを追うＢは速くて、ついにはＣに追いつくとし、かつＣはＢより大きいが、Ｂにおける速度の超過分のほうが、Ｃにおける大きさの超過分よりも大きいとすると、Ｂは自分の運動の若干をＣに伝えて、そののちは両者とも、等しい速さで、同じ方向に運動することになるであろう。これに反して、Ｂにおける速度の超過分がＣにおける大きさの超過分よりも小さいとすると、Ｂは反対方向にはね返され、自分の運動のすべてを保有することになるであろう。そしてこれらの超過分は、次のようなぐあいに算定されるのである。すなわち、ＣがＢの二倍の大きさであるとした場合、ＢがＣの二倍に達せぬ速さで運動するとすれば、ＢはＣを突き動かさないで、反対方向にはね返されることになるが、ＢがＣの二倍以上の速さで運動するとすれば、ＢはＣを突き動かすことになる。詳しくいえば、Ｃが二の速度しかもたず、Ｂが五の速度をもっとすれば、Ｂからは二の速度が授けられるが、これはＣに移されると、ＣがＢの二倍の大きさである以上、一の速度としての効果をあらわすにすぎず、このため、二つの物体ＢとＣとは、それ以後、三の速度で運動することになるのである。その他の場合についても同じように判断すべきである。しかし、それらは自明であるゆえ、あらためて証明するまでもない。

# あとがき

　まず、これまでイデア（観念）の産出についていろいろ述べてきたが、自然、人文、社会科学の内で、一番大切な自然科学的イデアの産出に関しては、西田幾太郎の言う主客未分の"純粋経験"か、西田幾太郎が二十世紀唯一の哲学者と認める、フランスの生の哲学者ベルクソンの言う、エラン＝ヴィタール（生の躍動）の極致である"哲学的直観"が必要である。

　第二に、山下正男先生に関しては、僕が昭和57年（1982年）2月の口頭試問前に人文研の先生の研究室を訪問した際に、『ク・セ・ジュ』が、ただ認識の不全性の証明だと思っていた僕に、続編に相当する"イデアの形成"、つまり"『ポール・ロワイヤルの論理学』の意味"が、昭和53年に既に脱稿されており、用意周到に、抜刷をポンと手渡してくださり、森口先生、西谷先生の下に送り出して頂いた。その卓見性、度量の大きさには、ただただ、感服するばかりであった。

　第三に、森口美都男先生に関しては、先生は汎神（心）論の立場に立たれており、例えば"機械には機心、樹木にも木心がある"と考えておられた。その考え方は今日の僕にも未だに影響を与えている。

　第四に、西谷裕作先生に関しては、最後に先生にお会いした際、例えば、パスカル本人は"$\overset{P}{\pi}$ascal"とサインしており、僕が十代の頃、民放のテレビ番組で、大西洋は、大西さんが発見したのではという放送がなされ、笑ったものだが、彼が、"ポール・ロワイヤル"つまり、日本で一番近い施設が"出島"関係者であったことなどから、デカルト（"文書"という意味）とコンビで、日系の混血児であったのではないかということを、案外素直に認められたという事実は、巻末に書き留めておきたいと思う。

第五に、『自然科学史ノート』については、このノートは本来58ページであり、最初の2ページの発表者は、京大法学部の一回生であった伊田和浩君であった。彼が、ゼミの約12名の構成メンバーの手本として、ピタゴラスの"弦と音階"、アリストテレスのガイダンスをされた。その原稿が紛失してしまっていることを非常に残念に思う。

　最後に、この本の出版にあたっては、学友の浦東久男氏、桐野温氏、瀬村滋氏（ノーベル物理学賞メンバー）、那須保友氏、日野文彦氏らの御助言と御助力を頂いた。ここに、心から感謝申し上げたい。ありがとうございました。

令和三年　初夏

# 参考文献

☆哲学

『世界の名著』（中央公論社）

　⑥プラトンⅠ（田中美知太郎）

　⑦プラトンⅡ（　　〃　　）

　⑧アリストテレス（　〃　）

　⑨ギリシアの科学（田村松平）

　㉒デカルト（野田又夫）

　㉔パスカル（前田陽一）

　㉕スピノザ・ライプニッツ（下村寅太郎）

　㉗ロック・ヒューム（大槻春彦）

　㉜カント（野田又夫）

　㉛ブレンターノ・フッサール（細谷恒夫）

　㉝ベルクソン（澤瀉久敬）

　㉘ラッセル・ウィトゲンシュタイン・ホワイトヘッド（山元一郎）

『現代哲学の根本問題』シリーズ10巻（晃洋書房）

『デカルトとその時代』（野田又夫）筑摩書房

『カント「純粋理性批判」の研究』（岩崎武雄）勁草書房

山下正男先生（全著作）特に『思想の中の数学的構造』（現代数学社）

『言語・真理・論理』A．J．エイヤー　吉田夏彦訳（岩波現代叢書）

☆自然科学

『科学史概説』朝倉書店

『解析学Ⅰ〜Ⅶ』（シュヴァルツ）東京図書

『線形代数学』（佐武一郎）裳華房

『代数学と幾何学』（小松醇郎、永田雅宜）共立出版

基礎物理コース・力学（喜多秀次、幡野茂明、他共著）学術図書

『古代の数学』Ａ．アーボー　中村幸四郎訳

プロフィール

## 大西 哲司 Tetsushi Ohnishi

著者略歴

　1956年（昭和31年）愛媛県伊予市生まれ。東京外大・露語学科を経て1982年
（昭和57年）京都大学・哲学科卒。民間の教育センター・大手英才教育塾を経て、
現在、学塾主宰。

# Que sais-je? 『何を知るか』
——観念の産出をめぐって——

2021年7月7日　初版第1刷発行

編著者　大西 哲司
発行人　中村 洋輔
発　行　アトラス出版
　　　　〒790-0023 愛媛県松山市末広町18-8
　　　　TEL 089-932-8131　FAX 089-932-8131
　　　　HP　http://userweb.shikoku.ne.jp/atlas/
　　　　E-mail　atlas888@shikoku.ne.jp
印　刷　オフィス泰